La franc-maçonnerie

Vérités et légendes

DU MÊME AUTEUR

L'Autre et le Frère. L'Étranger et la Franc-maçonnerie en France au XVIIIe siècle, Paris, Honoré Champion, coll. « Les dix-huitièmes siècles », 23, 1998.

Nobles jeux de l'arc et loges maçonniques dans la France des Lumières. Enquête sur une sociabilité en mutation, Montmorency, Ivoire-clair, coll. « Les architectes de la connaissance », 2002.

La Plume et la Toile. Pouvoirs et réseaux de correspondance dans l'Europe des Lumières, Arras, Artois Presses Université, coll. « Histoire », 2002.

L'Espace des francs-maçons. Une sociabilité européenne au XVIIIe siècle, Rennes, Presses universitaires de Rennes, coll. « Histoire », 2003.

Le Mythe de l'Europe française. Diplomatie, culture et sociabilités au temps des Lumières, Paris, Autrement, coll. « Mémoires », 2007.

L'Europe au siècle des Lumières, Paris, Ellipses, coll. « Le monde : une histoire », 2011, 2e éd, 2022.

La France des Lumières (1715-1789), Paris, Belin, coll. « Histoire de France », 2014 ; Paris, Gallimard, coll. « Folio », 2022.

Dictionnaire de la franc-maçonnerie, Paris, Armand Colin, 2014.

La Communication en Europe de l'âge classique aux Lumières, Paris, Belin, 2014.

Échec au roi. Irrespect, contestations et révoltes dans la France des Lumières, Paris, Belin, 2015.

Marie-Antoinette, biographie gourmande, Paris, Payot, 2016.

Atlas de la Révolution française 1770-1803. Un basculement mondial, avec Silvia Marzagalli, 2021, 3e éd.

(*Suite en fin d'ouvrage*)

Pierre-Yves Beaurepaire

La franc-maçonnerie

Vérités et légendes

Collection dirigée
par Emmanuel Hecht

PERRIN

92, avenue de France
75013 Paris
Tél. : 01 44 16 08 00

ISBN : 978-2-262-10427-6
Dépôt légal : août 2025

Mise en pages : Facompo, Lisieux

Introduction

La franc-maçonnerie a aujourd'hui trois cents ans si l'on se réfère à la commémoration officielle de la naissance de la Grande Loge de Londres en 1717 et à celle des *Constitutions*, son texte de référence, en 1723. Depuis, elle a accompagné et parfois précédé les transformations de l'Europe et du monde. Pourtant, de nombreux contemporains ne croyaient pas que cette « mode » s'imposerait au-delà des îles Britanniques. À l'été 1737, le marquis de Caumont (1688-1745) écrivait d'Avignon, alors en « Papimanie » – c'est-à-dire dans les États pontificaux –, à l'un de ses amis, Jean-Baptiste Anfossi, résidant à Paris : « Nous avons beau faire, notre goût n'est point analogue à celui des Anglais », sans masquer pour autant sa curiosité : « Dîtes m'en les anecdotes dans le plus grand détail et la bonne ou mauvaise fortune actuelle[1]. »

---

1. Bibliothèque municipale d'Avignon, manuscrit 2280, Correspondance du marquis de Caumont avec Jean-Baptiste d'Anfossi, 9 septembre 1737, folio 54 ; 22 août 1737, folio 51.

Quelques mois plus tard, il pouvait se plonger dans un best-seller : *La Réception Mystérieuse des membres de la célèbre Société des Francs-maçons* (1738), traduction française de *Masonry Dissected* (1730) de Samuel Pritchard.

De fait, à travers toute l'Europe, les libraires-imprimeurs perçoivent l'intérêt du public pour la franc-maçonnerie et multiplient les publications sur le secret des francs-maçons, le déroulement des assemblées, les rituels et les symboles. Il s'agit beaucoup plus de divulgations qui répondent à la curiosité des lecteurs que de textes antimaçonniques. Devant cet essor fulgurant, les autorités civiles s'inquiètent un temps d'une diffusion rapide, avant, le plus souvent, de se raviser, tandis qu'au contraire le pape fulmine une première bulle d'excommunication (1738), écrivant le premier chapitre d'une relation compliquée.

Dès l'origine, la franc-maçonnerie ne laisse donc personne indifférent, mais elle pose plus de questions qu'elle n'apporte de vérités. Car ce n'est pas une société ni un club, mais un ordre initiatique et hiérarchisé qui prône la discrétion et demande à ses membres de s'engager par serment à respecter le secret de l'initiation. Le profane – littéralement, celui qui reste à l'extérieur du temple – doit donc se contenter de ces divulgations ou alors décider de sauter le pas et de se faire recevoir franc-maçon. Depuis lors, l'intérêt pour la franc-maçonnerie ne s'est jamais démenti. À la toute fin du XXe siècle,

Alexandre Piatigorsky estimait qu'elle avait suscité plus de soixante mille publications à travers le monde, et c'est bien sûr sans compter les documentaires audiovisuels, fictions et publications sur Internet.

Interroger les légendes autour de la franc-maçonnerie en historien, c'est partager avec le lecteur de nombreuses archives, souvent inédites, car indépendamment de leur serment, les francs-maçons ont beaucoup écrit, dessiné, parlé. Par touches successives, il devient possible de comprendre à la fois la naissance de la franc-maçonnerie, les origines de son succès mais aussi ses contradictions, l'écart entre le discours et la pratique, et de suivre à travers elle trois siècles d'histoire.

1

Adam est-il le premier franc-maçon ?

À la question de savoir si la franc-maçonnerie est aussi vieille que l'humanité, les *Constitutions* de la Grande Loge de Londres répondent clairement par l'affirmative en 1723 : « Adam, notre premier ancêtre, créé à l'image de Dieu, le Grand Architecte de l'Univers, dut avoir les Sciences libérales, particulièrement la Géométrie, inscrites dans son cœur, car depuis la chute même, nous trouvons ces principes dans le cœur de ses descendants, lesquels principes, au cours des temps, ont été exposés et combinés en une méthode adéquate de propositions, en observant les lois de la proportion empruntée à la technique... » Trois siècles plus tard, ce texte est considéré par l'immense majorité des francs-maçons à travers le monde, dispersés sur les deux hémisphères pour reprendre l'expression maçonnique consacrée, comme le texte fondateur de l'ordre maçonnique et sa référence.

Premier homme, Adam est aussi le premier maçon, qui met son savoir au service du Grand Architecte, car « la Maçonnerie était sous la conduite immédiate du Ciel ». L'origine de la franc-maçonnerie est clairement biblique. Le rédacteur des *Constitutions* est le pasteur James Anderson (1678-1739), ministre de l'Église presbytérienne d'Écosse, la puissante Kirk. Celui-ci est inspiré par Jean Théophile Désaguliers (1683-1744), pasteur de l'Église d'Angleterre d'origine huguenote, disciple et héritier d'Isaac Newton (1643-1727) au sein de la Royal Society, l'Académie des sciences de Londres créée en 1660[1], dont les membres sont nombreux au sein de la Grande Loge de Londres. Tous deux ont la volonté d'affirmer les origines bibliques de l'ordre maçonnique. La démarche d'Anderson et de Désaguliers est aussi celle d'historiens et d'*antiquaries* – le terme désigne alors les érudits passionnés d'antiquités – qui se donnent pour mission d'écrire le récit de fondation de la franc-maçonnerie. On insiste beaucoup sur les liens de la Grande Loge avec la Royal Society – dont Désaguliers lui-même est une figure clé –, mais il faut aussi la relier à la Society of Antiquaries, créée en 1707, dont les membres se consacrent en amateurs distingués à l'étude et à la collection des antiquités nationales. Pour eux, la franc-maçonnerie est

1. L'Académie royale des sciences, à Paris, créée sous l'impulsion de Colbert en 1666, est son pendant français.

l'Art Royal, et le terme en vient à désigner l'ordre lui-même. Sur le chantier du temple à la Gloire du Grand Architecte, les ouvriers mettent symboliquement leurs pieds dans les traces d'Adam pour développer leurs connaissances des arts libéraux, au premier rang desquels la géométrie et l'architecture, pour comprendre et suivre le plan divin.

Francs-maçons et *antiquaries* sont fascinés par les vestiges antiques, nombreux dans les îles Britanniques. Au-delà de l'héritage romain, ils s'intéressent aux mégalithes de Stonehenge et aux sites arthuriens pour rechercher les origines de l'identité britannique (la *Britishness*). Le Royaume-Uni met l'accent, par-delà la rivalité anglo-écossaise, sur la *Britishness*, alors que l'Acte d'Union est tout récent (1707) et que la soumission de l'Écosse est loin d'être acquise. Les *antiquaries* jouent les premiers rôles dans la Grande Loge de Londres. Bien nés, appartenant à la *gentry* ou à l'aristocratie, ils aspirent à la protection royale de leur ordre.

L'invention de l'Art Royal

Pour ce faire, comme ils ont fait d'Adam le premier franc-maçon, ils établissent la généalogie des principaux architectes de la franc-maçonnerie associée à leurs souverains protecteurs. Ils élaborent ainsi la longue et prestigieuse liste des pionniers de l'Art Royal. Salomon, « Grand Maître de la loge de

Jérusalem », retient longuement l'attention d'Anderson, et la construction du temple de Salomon devient le récit de fondation par excellence de la franc-maçonnerie : « Le temple du vrai Dieu devint l'objet de l'admiration de tous les voyageurs, d'après lequel, comme sur le modèle le plus parfait, ils corrigeaient leur architecture à leur retour. » L'Antiquité fascine également Anderson et ses frères. C'est pourquoi outre Pythagore et Archimède, « le grand Vitruve, père de tous les vrais architectes jusqu'à ce jour » occupe une place essentielle dans leur panthéon, car son œuvre n'a été rendue possible que par la protection d'Auguste, héritier de César et premier empereur. « On peut donc raisonnablement admettre, poursuit Anderson, que le glorieux Auguste devint le Grand Maître de la loge de Rome ; non seulement il fut le patron de Vitruve, mais améliora beaucoup le sort des compagnons, comme il ressort des nombreux édifices magnifiques qui marquèrent son règne et dont les vestiges constituent le modèle et la mesure de la *maçonnerie authentique.* » Architecture symbolique et édification morale, l'Art Royal est donc tout à la fois le roi des arts et l'art de prédilection des rois bâtisseurs.

La notion d'authenticité qu'on retrouve aujourd'hui dans la notion maçonnique clé de « régularité », qui suppose l'adhésion sans faille aux dogmes dont la Grande Loge Unie d'Angleterre se considère comme la gardienne depuis trois siècles, en tire son fondement. Les Églises établies, la Kirk de l'Écosse presbytérienne comme l'Église d'Angleterre, et les dynasties régnantes légitimes travaillent main dans la main avec l'ordre maçonnique pour la construction du temple du Grand Architecte, dont les ouvriers ne tarderont pas, comme la Society of Antiquaries, à solliciter une charte royale.

Les *Constitutions* et l'archéologie de la mémoire maçonnique qu'elles proposent constituent donc bien une « invention de la tradition », selon l'expression célèbre d'Eric Hobsbawm et de Terence Ranger. Établir la généalogie des princes protecteurs de l'ordre maçonnique permet de légitimer la quête de protection royale adressée par la Grande Loge de Londres à la nouvelle dynastie issue du Hanovre, dont le premier représentant, George Ier, monte sur le trône en 1714. On assiste ainsi en quelques années et parallèlement à une série de recompositions institutionnelles, dynastiques et politiques majeures dans les îles Britanniques, à la naissance de la Society of Antiquaries (1707), à celle de la Grande Loge de Londres (1717-1723), portée sur les fonts baptismaux par le noyau dirigeant de la Royal Society, ainsi qu'à la production d'un texte fondateur : les *Constitutions*.

Dans la deuxième édition de ce texte, Anderson explore les *Anciens Devoirs* (*Old Charges*), les textes de régulation des métiers médiévaux, et se fait archéologue de la mémoire maçonnique. Parmi eux, le *Regius* (vers 1390) et le *Cooke* (vers 1420) retiennent particulièrement l'attention. Ils débutent traditionnellement par une invocation à Dieu tout-puissant, poursuivent par la description des arts libéraux, au nombre desquels la Géométrie, élargie à la Maçonnerie. Noé est le premier bâtisseur, qui a fait preuve de ses talents en construisant l'Arche, tandis qu'un de ses fils, Tubalcaïn (ou Tubalcain) – dont le nom est présent au grade d'apprenti –, s'est lui consacré à l'art de la forge et de la maîtrise des métaux. Leur savoir fut inscrit sur deux colonnes et ainsi sauvé du Déluge. Défilent tour à tour Nemrod et la tour de Babel, Abraham fuyant en Égypte et y apportant le savoir antédiluvien pour le partager avec Euclide. Bien évidemment, la chronologie est durement bouleversée, mais c'est le narratif qui importe ici. Quant à la science des maçons, elle parvient directement en France et en Angleterre dès le haut Moyen Âge, au bénéfice de Charles Martel (vers 688-741) et du roi Athelstan (vers 894-939), dont le fils organisa les maçons.

Anderson met tout particulièrement l'accent sur le rôle du roi Athelstan, « de sang saxon », comme sur celui de la dynastie des Hanovre, régnant en Angleterre depuis 1714, qu'il nomme les « rois saxons de Grande-Bretagne ». Athelstan aurait en effet accordé aux maçons « une charte pour demeurer en Noble Loge, avec de bonnes ordonnances, tirées de vieux écrits par le Prince Edwin – fils du roi dans l'édition de 1723 et son frère dans celle de 1738 –, brillant Maître-Général qui assembla bientôt à York les Frères et en cette Loge les leur communiqua toutes ». Les fondateurs de la Grande Loge de Londres ne feraient donc que renouer avec la tradition immémoriale de l'Art Royal qui mérite le soutien de la Couronne.

D'Adam à Hiram

Si Adam est le premier franc-maçon, Hiram devient alors la figure de référence de la franc-maçonnerie, qu'à la fois il ancre dans un environnement biblique et relie à la construction du temple de Salomon, et à laquelle il donne un récit de fondation complet, incluant la relation de son assassinat que les francs-maçons parvenus au grade de maître doivent revivre avant de partir à la poursuite de ses meurtriers dans les hauts grades. Il faut tout d'abord distinguer Hiram roi de Tyr, allié du roi David puis de Salomon, et Hiram Abif, son ouvrier expert en matériaux de construction devenu architecte. Le premier envoie le second à Salomon pour qu'il aide à la construction du temple que David avait prévu d'élever. Dans les *Chroniques* et le *Livre des Rois*, lecture familière des pasteurs Anderson et Désaguliers, les deux Hiram sont bien présents : « Hiram, roi de Tyr, envoya ses serviteurs vers Salomon, car il apprit qu'on l'avait oint pour roi à la place de son père, et il avait toujours aimé David » (1, *Rois*, 5:1) ; « fils d'une veuve de la tribu de Nephthali, et d'un père Tyrien, qui travaillait sur l'airain. Hiram [Abif] était rempli de sagesse, d'intelligence, et de savoir pour faire toutes sortes d'ouvrages d'airain. Il arriva auprès du roi Salomon, et il exécuta tous ses ouvrages » (1, *Rois*, 7:14). Les colonnes d'airain du temple de Salomon, Jakin et Boaz, deviennent celles du temple maçonnique ; quant aux francs-maçons, ils se désignent eux-mêmes comme « fils de la veuve » en référence à Hiram Abif.

Vers 1725, les deux premiers grades de la franc-maçonnerie s'enrichissent du grade de maître, et c'est ce grade de maître qui va donner toute son importance à la légende d'Hiram. D'expert en matériaux de construction, Hiram Abif – qu'on nommera le plus souvent Hiram – s'est imposé comme le véritable architecte du temple de Salomon, et sa réussite est telle qu'il fait des envieux. Il est assassiné par trois mauvais sujets, devenus dans la légende maçonnique trois mauvais compagnons, qui voulaient le forcer à leur donner le mot de reconnaissance des maîtres – le mot secret qui permet aux maîtres régulièrement reçus de se faire reconnaître de leurs pairs et des surveillants, pour obtenir leur salaire sur le chantier. Chacun d'eux lui porte un coup – les trois coups distincts des divulgations maçonniques : *Three Distinct Knocks* (1760). Les meurtriers se débarrassent du corps en l'enterrant à la hâte. Mais une branche d'acacia désigne la sépulture aux maîtres que Salomon a envoyés à la recherche d'Hiram. Symbole de renaissance, cette branche d'acacia est aujourd'hui un symbole d'appartenance maçonnique. Salomon donne à Hiram la sépulture qu'il mérite et ordonne que l'on recherche ses assassins.

Significativement, les éditions successives des *Constitutions* enrichissent la légende d'Hiram, en ajoutant aux références strictement bibliques une coloration typiquement maçonnique, caractéristique d'une appropriation culturelle du mythe d'Hiram. C'est notamment le cas de l'édition du pasteur John Entick (vers 1703-1773) publiée en 1757, où l'on peut lire : « [Hiram, roi de Tyr] lui [Salomon] envoya aussi un homme de son nom, Tyrien de naissance, mais originaire d'Israël, qui était un second Bezaleel – du nom du maître d'œuvre du tabernacle –, et que son roi honorait du titre de père ; dans 2 *Chroniques* 13, il s'appelle HIRAM ABIF, le concepteur et le bâtisseur le plus accompli de la Terre, qui, en l'absence de Salomon, occupait le poste de Grand Maître adjoint et, en sa présence, était le Grand Surveillant, ou le principal arpenteur et maître de l'ouvrage. »

Les francs-maçons du XVIIIe siècle sont tout à fait conscients de l'existence d'une légende d'Hiram franc-maçon qui vient s'articuler aux deux Hiram bibliques, sur lesquels Entick revient longuement dans l'édition de 1757 des *Constitutions*. Mais à l'instar de Jean-Baptiste Willermoz (1730-1824), fondateur du Rite Écossais Rectifié

– voir le chapitre « Les Templiers sont-ils devenus francs-maçons ? » –, ils ont aussi conscience du potentiel narratif et symbolique du mythe ainsi créé : « L'histoire de [la mort d'Hiram] et de son assassinat par trois mauvais compagnons est une fiction ingénieuse que favorise à cet égard le silence des Saintes Écritures. Elle voile cependant de grandes vérités pour le maçon qui veut s'instruire. » Vérités et légendes se marient donc fort bien sur le chantier à la gloire du Grand Architecte de l'Univers.

2

La franc-maçonnerie est-elle *d'abord* née en Écosse ?

En 1990, David Stevenson, spécialiste d'histoire écossaise à l'université de St Andrews, crée la polémique en publiant *The Origins of Freemasonry. Scotland's Century, 1590-1710*[1]. Il précise qu'il n'est pas franc-maçon. Pour lui, il n'y a pas de doute : la lumière maçonnique est née en Écosse plus d'un siècle avant la fondation de la Grande Loge de Londres en 1717. Avant de présenter ses arguments, il est important de replacer ce débat dans le contexte de la montée en puissance du nationalisme écossais. Celle-ci se manifeste tous azimuts, et cette même année 1990, lors du tournoi des Cinq Nations en rugby, le XV du Chardon, emmené par les frères Hastings et une troisième ligne entrée depuis dans la légende, chante pour la

1. David Stevenson, *The Origins of Freemasonry. Scotland's Century, 1590-1710*, Cambridge (UK), Cambridge University Press, 1990.

première fois *Flower of Scotland* – repris par tout un peuple –, devant la princesse Ann, sa marraine officielle, bat l'Angleterre, et remporte à la fois la Calcutta Cup, la Triple Couronne et le Grand Chelem[2]. Depuis ce haut fait d'armes sportif, *Flower of Scotland* est devenu l'hymne écossais, et d'importants transferts à la fois symboliques et politiques ont été concédés par Londres, sans pour autant apaiser les revendications écossaises, comme en témoigne la demande régulière de tenues de référendums pouvant mener à l'indépendance de l'Écosse.

Aux origines, les *Statuts Shaw*

Pour David Stevenson, il faut donc remonter aux dernières années du XVIe siècle et à l'action de William Shaw (1550-1602), maître des ouvrages du roi d'Écosse Jacques VI Stuart – règne 1567-1625 ; il est Jacques Ier en Angleterre, où il règne de 1603 à 1625 –, pour établir sur des bases solides les origines de la franc-maçonnerie. Surveillant géné-

2. La Calcutta Cup récompense le vainqueur du match Angleterre-Écosse depuis 1879 ; la Triple Couronne est remise en jeu chaque année entre les équipes britanniques et irlandaise alignées pour le Tournoi. Quant au Grand Chelem, il récompense l'équipe qui remporte le Tournoi des Cinq Nations – aujourd'hui Six – sans avoir perdu un seul match.

ral de l'*Incorporation* des maçons d'Écosse, Shaw élabore les *Statuts* de 1598 et 1599. Il organise les grades d'apprenti et de compagnon[3], met en place des cérémonies de réception spécifiques à ces deux grades, et crée le « mot de maçon » (*Mason word*), qui recouvre l'ensemble des « signes, gestes et attouchements » permettant aux opératifs de se reconnaître entre eux. C'est le sens de l'expression « *to give the Mason Word* » (« donner le mot de maçon »). Ces éléments sont aujourd'hui encore au fondement de la démarche maçonnique lors de la réception dans le temple du futur apprenti. Mieux, dans les seconds *Statuts*, en 1599, Shaw insiste sur la pratique de « l'art de la mémoire[4] » par les maçons, cet héritage de la Renaissance intimement associé à l'architecture. À sa manière, la loge est un temple de la mémoire, refondation du temple de Salomon, où les francs-maçons déambulent conformément à la règle et au rituel. En architecte avisé, William Shaw procède au réemploi de matériaux préexistants, qu'il syncrétise pour élever un édifice nouveau. Selon Stevenson, un transfert culturel se serait ensuite opéré en direction de l'Angleterre, où l'emploi du « mot de maçon » est attesté à par-

3. Le grade de compagnon se scinde au début du XVIIIe siècle entre compagnon et « compagnon fini appelé maître ».

4. Méthode d'apprentissage destinée à mémoriser un texte en associant chaque élément à une pièce ou à un objet lors d'une déambulation mentale dans un bâtiment.

tir de 1638. Dans la décennie suivante, les opérations militaires de la guerre civile qui oppose les partisans de Charles Ier Stuart (1600-1649, règne depuis 1625) et ceux du Parlement et d'Oliver Cromwell (1599-1658), ainsi que les déplacements des armées écossaises auraient permis la réception de profanes, en territoire anglais, par des francs-maçons venus d'Écosse.

Le *Journal* d'Elias Ashmole

David Stevenson peut s'appuyer sur le témoignage d'Elias Ashmole (1617-1692), collectionneur anglais d'antiquités (*antiquary*), dont le cabinet est à l'origine du célèbre *Ashmolean Museum* d'Oxford. Ce dernier écrit dans son *Journal* : « *I was made a Free Mason* », ce qui fait de lui l'un des tout premiers *Accepted Masons* anglais. Ashmole précise en effet qu'il a été initié en octobre 1646 à Warrington dans le Lancashire, en compagnie de son beau-père, par une loge de sept frères, réunie pour l'occasion. Un document a sans doute été spécialement écrit pour organiser cette réception maçonnique, connu depuis sous le nom de manuscrit Sloane n° 3438. Trente-six ans plus tard, Ashmole mentionne sa convocation à une tenue au *Masons' Hall* de Londres le 11 mars 1682. On ne trouve malheureusement aucune autre référence à la franc-maçonnerie dans son *Journal*, et ce vide documentaire alimente, bien sûr, toutes les spéculations sur les activités maçonniques d'Ashmole pendant cet intervalle de plus de trente ans. Pour David Stevenson, la maçonnerie écossaise tire fondamentalement ses origines de son caractère « opératif » – en référence aux maçons qui travaillent véritablement de leurs mains à l'édification de bâtiments – et réunit des hommes de l'art, alors que la maçonnerie anglaise est née plus tard, et réunit surtout des maçons « spéculatifs » qui, à l'instar d'Elias Ashmole, se passionnent en amateurs et en connaisseurs – le terme anglais *connoisseurship* est ici central – pour l'architecture et la géométrie, mais ne sont pas des ouvriers ou des maîtres du bâtiment. À l'époque des pasteurs James Anderson et Jean Théophile Désaguliers – voir chapitre « Adam est-il le premier franc-maçon ? » –, donc de la structuration de la Grande Loge de Londres (1717) et de la composition des deux éditions du texte fondateur des *Constitutions* (1723 et 1738), William Stukeley (1687-1765) en est l'illustration. Ami et disciple d'Isaac Newton, médecin et *antiquary* distingué – il devient secrétaire de la Society of Antiquaries –, membre de la Royal Society, William Stukeley a été reçu franc-maçon en 1720-1721. Il se passionne pour les mégalithes de Stonehenge, qu'il dessine et explore, et appartient à tout ce que la capitale anglaise compte comme clubs et foyers de sociabilité. Lorsqu'en 1726, il quitte la capitale pour le Lincolnshire, il n'abandonne pas pour autant la franc-maçonnerie. Il écrit à un ami : « Nous avons créé une petite loge de maçons, bien réglée [...] nous avons pris l'habitude d'organiser tous les mois une réunion de société pour danser avec le beau sexe, et une réunion hebdomadaire, pour discuter entre hommes de condition. » Dans son jardin, Stukeley élève un temple druidique. On est clairement ici dans le monde des amateurs distingués, à la fois *fellows* de la Royal Society et des *Antiquaries*, plutôt que dans celui des opératifs – du métier donc – qui serait l'apanage de l'Écosse et des héritiers de William Shaw.

Riposte anglaise

Pour les représentants de la Grande Loge Unie d'Angleterre – l'acte d'union des Grandes Loges anglaises des Modernes et des Anciens date de 1813 –, il était indispensable de réagir aux thèses de David Stevenson et de contre-attaquer pour réaffirmer la prééminence de Londres et ses revendications d'une « maternité (maçonnique) universelle ». John Hamill, conservateur de la bibliothèque et des archives de la Grande Loge Unie d'Angleterre à *Freemasons' Hall* prend alors la plume et publie en 1994 *The History of English Freemasonry*, l'histoire « officielle » de la franc-maçonnerie anglaise. Hamill exprime clairement son *credo* : « Avec d'autres, je crois fermement que la Maçonnerie franche et acceptée, autrement dit spéculative, trouve ses origines en Angleterre. » Il reprend les arguments tirés par James Anderson de sa plongée dans les *Old Charges* (« les anciens devoirs »), ces textes de régulation des métiers médiévaux, lors de la préparation de la deuxième édition des *Constitutions* (1738), pour réaffirmer la validité d'une transition entre maçonnerie opérative et maçonnerie spéculative.

Cette théorie est aujourd'hui largement contestée par les historiens. Concernant l'Angleterre, il faut en effet distinguer la *Company of Free masons* (Compagnie des francs-maçons), opérative, dont l'origine se situe en 1356, et la *Worshipful Society of the Free Masons of the City of London* (Vénérable Société des francs-maçons de la ville de Londres). Issue d'un conflit entre « maçons de taille » (tailleurs de pierre) et « maçons de pose », la *Company* contrôle le métier à Londres. Elle enregistre les nouveaux apprentis, qui prêtent serment de fidélité et de loyauté au métier, à la ville et à la Couronne, pour devenir des « hommes libres du métier ». Le rapprochement avec *free mason* est, bien sûr, tentant, mais… acrobatique. En effet, rien dans les trois premiers grades maçonniques ne fait écho à une liberté ou franchise que l'affiliation à l'ordre maçonnique offrirait. Aucun document médiéval anglais n'évoque de « secrets » ou de « grades ». En outre, la « loge » qui désigne pourtant, dès le XIIIe siècle, le baraquement dans lequel les maçons d'un chantier, à l'instar des actuels ouvriers du bâtiment, déposent leurs outils, prennent leurs repas et se reposent, est absente.

À la fin du XVIIe siècle et au début du XVIIIe siècle, la *Company* enregistre un afflux d'*Accepted Masons* qui n'appartiennent pas aux métiers de la pierre. Progressivement, le contrôle des métiers lui échappe ; leurs représentants se regroupent dans la *Worshipful Society* afin de maintenir les traditions médiévales : rituel d'admission, serment, mot de passe… Mais, forte de la présence de notables dans ses rangs, la *Company* obtient en 1667 une charte royale et devient la *Masons Company*. On ne trouve trace d'aucune loge opérative active en Angleterre à l'époque de la création de la Grande Loge de Londres (1717). La *Domatic Lodge n° 177*, loge opérative relevant de la Grande Loge des Anciens, est de création très tardive, en 1785. David Stevenson s'estime donc autorisé à conclure à une fondation anglaise *ex nihilo*, inspirée du modèle écossais, et il met en évidence, au terme de son enquête, l'existence *a contrario* en Écosse de vingt-cinq loges antérieures à 1710. D'autres loges opératives, comme la loge *St John n° 37*, sont par ailleurs constituées après la fondation de la Grande Loge (spéculative) d'Écosse en 1736. En Écosse, l'essor de la franc-maçonnerie spéculative n'aurait donc pas éteint le foyer opératif.

Par-delà les rivalités entre les thèses des origines anglaises ou écossaises, dont on suivra au chapitre suivant une autre déclinaison avec les affrontements entre jacobites – partisans du maintien de Jacques II Stuart (1633-1701, règne depuis 1685) et de ses héritiers mâles sur les trônes britanniques après la Glorieuse Révolution de 1688-1689 – et hanovriens – partisans de la nouvelle dynastie d'origine allemande à partir de 1714 –, il faut surtout insister sur les origines britanniques de la franc-maçonnerie et sur sa plasticité. Bien qu'elle s'affirme comme un ordre régi par des règles, elle offre en effet à ses membres une large gamme de pratiques sociables et se montre propice à l'éclosion de nombreux centres d'intérêt, des antiquités à la géométrie, car tout franc-maçon est clairement en recherche, et c'est l'essentiel. L'itinéraire de William Stukeley lui-même l'illustre sur le plan religieux autant que sur le plan de ses curiosités scientifiques et antiquaires : il enterre son enfant mort-né sous l'autel druidique qu'il a élevé dans son domaine, mais devient aussi un homme d'Église en charge de la paroisse de Saint-Alban.

3

Les jacobites ont-ils allumé les premiers feux de l'Art Royal en France ?

« *Free masons* ou francs-maçons, Société ancienne d'Angleterre, établie sous Guillaume le Bâtard ou le Conquérant Roi d'Angleterre Duc de Normandie en 1066. Introduite en France à la suite du roi Jacques II en 1689, y devint fameuse sous Milord Comte de Derwentwater élu grand Maître catholique en 1737. J'y fus reçu cette année le 9 septembre à la loge du Vénérable frère duc d'Aumont. » Ainsi se confie Philibert-Valentin Bertin du Rocheret (1693-1762), magistrat champenois, collectionneur fameux de nouvelles à la main, ces feuilles d'information confidentielles du XVIIIe siècle, et témoin précieux du premier âge de la maçonnerie en France.

Les origines britanniques de la franc-maçonnerie française font consensus au XVIIIe siècle. En revanche, faut-il les chercher du côté de la cour de Jacques II Stuart en exil et de ses descendants, ou faut-il au contraire mettre en évidence la capacité des francs-maçons français à s'émanciper très rapidement ?

La part de la légende

La tradition maçonnique veut que la première loge française ait été créée par des officiers de la cour de Jacques II Stuart (1633-1701, règne 1685-1688) dès 1688[1]. Le souverain britannique a été déposé par le Parlement de Londres au profit de sa fille Marie et de son gendre Guillaume d'Orange en 1688 dans le cadre de la Glorieuse Révolution. Après un premier départ vers la France et sa défaite militaire contre Guillaume d'Orange en Irlande, il s'exile à Saint-Germain-en-Laye en 1689 jusqu'à sa mort, avec ses partisans qu'on nomme d'après son nom latin, les « jacobites ». Si elle nourrit depuis lors le mythe des origines jacobites de la franc-maçonnerie française, cette revendication est complétée par celles de nombreuses autres loges ou de francs-maçons individuels qui se prévalent de patentes « écossaises » comme autant de lettres de noblesse maçonnique. L'adjectif « écossais » renvoie aux origines de la dynastie Stuart – Jacques II est

1. Gustave Bord, *La Franc-maçonnerie en France des origines à 1815*, 2e édition, Paris-Genève, Slatkine, 1985, p. 241-242.

Jacques VII en Écosse – et de nombre de leurs partisans, mais fait en même temps référence à l'Écosse comme source de légitimité maçonnique – voir chapitre précédent.

Ces origines « écossaises » concernent notamment l'une des plus puissantes loges françaises, *Saint-Jean d'Écosse*, qui, depuis Marseille, fonde à son tour des loges dans toute la Méditerranée et jusqu'aux Antilles. Elle affirme avoir été créée par un certain lord George Duvalnon en 1751 et, au tout début du Premier Empire, le 30 messidor an XII (19 juillet 1804), n'hésite pas à défier le Grand Orient de France en se réclamant d'une patente plus ancienne que la constitution de l'obédience parisienne : « La Loge de St Jean d'Écosse a été légitimement constituée en octobre 1751 par un membre de la Souveraine et Respectable Loge d'Édimbourg. Le titre existe en original et on a eu l'obligation de sa conservation pendant les temps malheureux qui ont suspendu pendant Nombre d'années les Réunions Maçonniques. » Sa patente la constitue en loge souveraine et lui permet de créer des loges – ses loges filles –, ce que *Saint-Jean d'Écosse* de Marseille, loge du grand négoce, s'empresse de faire. En revanche, lorsqu'elle est sommée de présenter ses constitutions originales, elle ne peut produire que des copies, et la Grande Loge d'Écosse ne conserve pas trace de la patente originale. Son existence tient donc très probablement de la légende, mais elle a bien servi les intérêts de Marseille au point d'en faire une incontestable métropole maçonnique de premier plan.

Les obédiences maçonniques parisiennes elles-mêmes ne sont d'ailleurs pas à une contradiction près. La légende de la patente du docteur Gerbier, du nom de son détenteur ultérieur, est particulièrement édifiante. Une copie, insérée dans le livre d'or du chapitre parisien (loge de hauts grades) du *Choix*, est aujourd'hui conservée à Édimbourg dans la collection Charles Morison des archives de la Grande Loge d'Écosse.

> De l'Orient du Monde et de la Grande Loge d'Édimbourg, où règnent la Foi, l'Espérance et la Charité, dans la Paix, l'Unanimité et l'Égalité, le 21e jour du 1er mois d'Hiram 5721 (21 mars 1721) et d'après l'Hiéroglyphe posthume du Sauveur 1688.
>
> Salut ∴ Salut ∴ Salut ∴
>
> Nous soussignés Disciples du Sauveur, à tous ceux qui ont ou qui pourront y avoir intérêt, savoir faisons, que Nous avons créé en faveur des Français, un Grand Chapitre de la Rose-Croix, dont le Siège Suprême, au nom et sous la pleine puissance et autorité de notre Frère Duc d'Antin, Pair de France, d'une réputation digne de ce rang, ou de quelqu'un des Frères, Chevaliers accomplis en tout point, qui devra être muni par le Chapitre ou par la Loge dudit, de lettres authentiques, rési-

dera à perpétuité à Paris, pour y jouir du privilège de propagation et de constitution seulement dans l'intérieur de la France. À ces conditions Nous consentons par ces présentes, munies de notre sceau et de notre signature, que ledit chapitre suive librement son génie naturel, en conséquence qu'il soit béni, honoré et que la foi lui soit ajoutée.

Donné à l'Orient de l'Univers, la 23e année de notre règne

[Signés] Barboux, Barlay, Batnet, Ardidenowitz, Huiwn, Rittary, Chulkes, Keyssovet, Dreyts, Mor. Bakrnann, Fortoret, signor Cuttin, Hindreleat, H.S. Bonut,

Burnet Secrétaire

Cette patente est utilisée dans les années 1780 par le Grand Orient de France pour légitimer les prétentions de son Grand Chapitre Général à coiffer l'ensemble des chapitres de hauts grades en France, comme lui-même administre déjà l'ensemble des loges symboliques (où l'on pratique les trois premiers grades, d'apprenti, compagnon, maître) régulières. Elle aurait été accordée le 21 mars 1721 par la Grande Loge d'Édimbourg. Or, d'une part, le premier grand maître de la Grande Loge d'Écosse n'a été choisi qu'en 1736 et, d'autre part, le bénéficiaire, Louis de Pardaillan de Gondrin duc d'Antin (1707-1743), n'est devenu « grand maître général et perpétuel des francs-maçons » à Paris qu'en 1738, en remplacement du jacobite Charles Radcliffe comte de Derwentwater (1693-1746). Il s'agit donc d'un faux manifeste.

Le parallèle avec les fausses chartes médiévales, dont villes et abbayes ont usé et abusé pour revendiquer ou défendre des privilèges, est ici particulièrement instructif. Il faut également prendre en compte la situation matérielle particulièrement difficile de bon nombre de familles jacobites, qui pouvaient être tentées de tirer profit du goût des Français pour l'écossisme en forgeant des patentes douteuses.

Après les déboires militaires de Jacques III (1688-1766), dit le Vieux Prétendant, en 1715, puis de Charles-Édouard Stuart, le fameux Bonnie prince Charlie, en 1745-1746, la fascination pour ce que l'on nomme en franc-maçonnerie « l'écossisme » est loin de retomber. Elle s'étend bien au-delà des cours et des familles jacobites en exil en France ou en Italie, pour devenir une donnée structurante de l'expansion maçonnique en Europe continentale et outre-mer tout au long du XVIIIe siècle. Aujourd'hui encore, la plupart des systèmes de hauts grades – supérieurs aux grades d'apprenti, de compagnon et de maître – y font directement référence, et le rite le plus largement diffusé au monde se nomme le Rite Écossais Ancien et Accepté. Cette fascination pour l'écossisme se matérialise donc au XVIIIe siècle par la recherche de patentes écossaises ou d'un lien avec la dynastie Stuart en exil. Beaucoup considèrent, en effet, que les héritiers de Jacques II sont les « Supérieurs inconnus » de l'ordre maçonnique, sources de toute légitimité. C'est notamment vrai au sein de la Stricte Observance Templière – voir chapitre « Les Templiers sont-ils devenus francs-maçons ? ». La Stricte Observance est une réforme de la franc-maçonnerie de sensibilité chrétienne et chevaleresque née en Allemagne au milieu du XVIIIe siècle, puis implantée avec succès en France, en Suisse, en Scandinavie et jusqu'en Italie dans les années 1770, qui insiste sur le fait qu'au XIVe siècle, après la brutale condamnation de l'ordre du Temple par le roi de France et le pape, des chevaliers se sont réfugiés en Écosse sous la protection des souverains. Ils auraient ainsi transmis leurs secrets aux rois d'Écosse, qui en seraient désormais les gardiens.

Une fibre jacobite incontestable

Faut-il pour autant révoquer en doute toute présence maçonnique en France à partir du premier exil jacobite, c'est-à-dire après 1688-1689 ? Sans doute pas, car la question initiale doit être reformulée en prenant en compte le contexte des premières décennies de l'ordre de part et d'autre de la Manche. Les loges sont encore souvent des réunions informelles, tenues à l'occasion de la réception dans l'ordre d'un ou de plusieurs profanes. Elles se déplacent, se mettent en sommeil, pour se réveiller éventuellement ailleurs lorsqu'une autre occasion le permet. La loge est alors indissociable de son maître, qui la préside mais qui est surtout son propriétaire. Les archives sont rarement conservées, et il faut des indiscrétions de francs-maçons dans leur correspondance ou des circonstances extraordinaires, comme des descentes de police, car ces « dangereuses nouveautés » inquiètent un temps les autorités, pour que l'activité maçonnique soit documentée – ainsi à Paris en 1737 pour la loge *Coustos-Villeroy*. On est encore loin des loges des années 1770, reconnues (ou non) par une obédience – Grande Loge ou Grand Orient –, avec laquelle elles entretiennent une correspondance administrative. Dans ces conditions, il est tout à fait possible que des officiers de la maison de Jacques II, résidant à Saint-Germain ou à Paris, et par ailleurs déjà initiés dans les îles Britanniques avant leur exil sur le continent, aient pratiqué entre eux une activité maçonnique et aient reçu à leur tour sur les colonnes du temple maçonnique des sujets du roi de France ou d'autres souverains européens.

La première fondation d'une loge en France documentée grâce aux archives est celle de la loge parisienne *Saint-Thomas I* en 1725 ou 1726. Ses fondateurs sont d'authentiques partisans des

Stuarts, pour la plupart d'origine écossaise ou irlandaise. Il s'agit de Dominique O'Heguerty (1699-1789), fait comte de Magnières en Lorraine par le duc Stanislas, dont la cour accueille volontiers les jacobites, du chevalier James Hector Mc Lean (1703-1750), qui prend la tête de la Grande Loge de Paris en 1731. Il est lui-même né en France, et même si sa fibre stuartiste ne fait aucun doute, il fait partie de cette deuxième génération de jacobites qui ne connaissent que très peu les îles Britanniques, et encore moins directement les loges maçonniques d'outre-Manche, ce qui est une donnée essentielle. Ils sont d'origine britannique, mais l'essentiel de leur vie maçonnique – et souvent profane – se déroule en France. On lui doit « Les Devoirs enjoints aux maçons libres », adaptation française des « Devoirs d'un franc-maçon », la deuxième partie des *Constitutions* de la Grande Loge de Londres, à partir d'une traduction attribuée à un autre jacobite, l'abbé John Moore – ou Jean Moret –, grand secrétaire. Mc Lean est remplacé à la Grande Maîtrise le 27 décembre 1736 par un autre cofondateur de *Saint-Thomas I*, Charles Radcliffe, comte de Derwentwater, reconnu « Grand Maître de la très ancienne et très honorable fraternité des francs-maçons du royaume de France ».

Les fondateurs de *Saint-Thomas I* placent symboliquement leur atelier sous le patronage de saint Thomas Becket (1118-1170), qui dut en son temps fuir l'Angleterre d'Henri II et les persécutions pour trouver refuge en France. Le parallèle avec Jacques II est transparent, mais il n'est pas unique. En effet, si Thomas Becket est mort assassiné dans la cathédrale de Cantorbéry, la Grande Loge a également son martyr en la personne de Derwentwater en personne, qui paye de sa vie – comme son père James Radcliffe avant lui en 1716 – son combat pour le rétablissement des légitimes héritiers de Jacques II. Pris en 1745, il est décapité à la Tour de Londres le 8 décembre 1746, après la défaite de Culloden (16 avril 1746) qui ruine les derniers espoirs jacobites. La loge *Saint-Thomas I* compte également sur ses colonnes des officiers des régiments irlandais et écossais au service de la France. Son recrutement limité au milieu jacobite en exil lui permet cependant difficilement d'élargir son assise en initiant des Français.

C'est ce que comprend sa concurrente, *Saint-Thomas II* dite encore Saint-*Thomas Le Breton-Le Louis d'argent*, par référence au compagnon orfèvre Thomas Le Breton, son fondateur, et à la taverne *Au Louis d'argent*, rue des Boucheries, faubourg Saint-Germain. Elle obtient une patente de la Grande Loge d'Angleterre, qui reconnaît son existence régulière le 3 avril 1732. Elle initie le fils de lord Waldegrave, ambassadeur de Grande-Bretagne à Paris, qui fait de la surveillance des jacobites en France une de ses missions prioritaires. En 1735, une assemblée est présidée par le duc de Richmond et Jean Théophile Désaguliers

– deux anciens grands maîtres de la Grande Loge d'Angleterre –, à l'occasion de laquelle le comte de Saint-Florentin, secrétaire d'État de Louis XV, est reçu franc-maçon. Assistent également à la réception Montesquieu et François Louis comte de Gouffier, tous deux initiés à la loge *The Horn* de Londres le 12 mai 1730. Celle-ci réunit donc à la fois des représentants en vue des élites aristocratiques et politiques françaises et britanniques. Ses membres font, par ailleurs, beaucoup pour les échanges franco-britanniques, alors que les deux puissances sont non seulement en paix, mais se sont rapprochées depuis la régence du duc d'Orléans (1715-1723).

Saint-Thomas II est l'objet d'attaques et, il faut bien le dire, d'une forme de jalousie de la part du grand maître Derwentwater, qui l'accuse d'avoir reçu des candidats rejetés par *Saint-Thomas I*. Mais elle se montre plus adroite ou modérée en se tenant à l'écart du jacobitisme « outré » – dans le sens de partisans légitimistes de la dynastie Stuart – de sa devancière, sans s'aligner pour autant sur une prétendue maçonnerie hanovrienne – la dynastie régnant en Grande-Bretagne depuis 1714 est originaire du Hanovre. Elle reconnaît en effet *Saint-Thomas I* comme la « loge du Grand Maître ». Mais par son ouverture, elle a pu séduire l'aristocratie française qui s'apprête à prendre les rênes de la Grande Loge de France après Derwentwater. Certains de ses membres en vue, parmi lesquels Michel Ferdinand d'Albert d'Ailly, duc de Picquigny, futur duc de Chaulnes (1714-1769), font d'ailleurs le lien entre francs-maçons « jacobites » et « hanovriens ». Aristocrate d'épée et savant confirmé, membre de la Royal Society à Londres et de l'Académie des sciences à Paris, il reçoit les uns et les autres dans son hôtel particulier, surnommé « le Parnasse de Chaulnes ».

Avec la réception d'un nombre croissant de francs-maçons français, sans lien personnel ni familial avec la cause Stuart, la Grande Loge s'est progressivement francisée, sans jamais perdre de vue ce que l'écossisme pouvait lui apporter comme prestige et source de légitimité. C'est ce que traduit le célèbre *Discours* de Ramsay du 26 décembre 1736 – pour la Saint-Jean d'hiver donc. Natif d'Ayr en Écosse, disciple de Fénelon et auteur des *Voyages de Cyrus, avec un discours sur la Mythologie* (1727), qui prolongent les *Aventures de Télémaque* de son mentor, Andrew (André) Ramsay (1693-1743) est grand orateur de la Grande Loge de Paris. Il développe la thèse d'une franc-maçonnerie devenue chevaleresque et savante lors de son passage en France et cherche à obtenir – en vain – le soutien du cardinal Fleury, principal ministre de Louis XV. Mais il démontre aussi que la franc-maçonnerie française prend alors son indépendance et s'apprête – ce qui est parfaitement exact – à déployer ses ambitions à travers l'Europe en relayant notamment de nombreux hauts grades, qu'elle aura toujours soin de qualifier… d'écossais.

> Des îles Britanniques, l'antique science commence à passer dans la France. La nation la plus spirituelle de l'Europe va devenir le centre de l'Ordre et répandra sur nos statuts les grâces, la délicatesse et le bon goût, qualités essentielles dans un Ordre dont la base est la sagesse, la force et la beauté du génie. C'est dans nos loges à l'avenir que les Français verront sans voyager, comme dans un tableau raccourci, les caractères de toutes les nations ; et c'est ici que les Étrangers apprendront par expérience que la France est la vraie patrie de tous les peuples.

Vérités et légendes s'entremêlent donc souvent en histoire maçonnique pour fonder les revendications et asseoir les notoriétés.

4

Les Templiers sont-ils devenus francs-maçons ?

Le 29 juillet 1782, devant les délégués du convent – équivalent maçonnique d'un congrès – réuni à Wilhelmsbad, près de Francfort-sur-le-Main, le maître lyonnais Jean-Baptiste Willermoz (1730-1824), figure emblématique de la franc-maçonnerie du XVIIIe siècle, déclare : « Dès l'année 1752, c'est-à-dire il y a trente ans, ayant été choisi pour présider la [loge] qui m'avait reçu, et n'ayant aucune connexion, ni avec le défunt Respectable Frère *ab Ense* [von Hund], ni avec aucun des partisans de son Système, j'apprenais mystérieusement à ceux auxquels je conférais ce quatrième grade de la [loge], qu'ils devenaient successeurs des Chevaliers Templiers et de leurs connaissances ; je le répétais et je l'ai répété pendant dix ans, comme je l'avais appris de mon prédécesseur, qui l'avait appris lui-même par une ancienne tradition, dont il ne connaissait pas l'origine[1]. »

Willermoz s'adresse en ces termes aux délégués de la Stricte Observance Templière, ordre maçonnique fondé par le baron von Hund (1722-1776), qui doivent répondre à quatre questions qui taraudent leur ordre depuis de nombreuses années :

> « Première question : Quel intérêt avons-nous à l'examen d'une filiation avec l'Ordre des Chevaliers Templiers et en quelle qualité devons-nous le faire ?
>
> Deuxième question : la filiation de l'Ordre des Templiers avec notre Système actuel est-elle légitimée ? Ou ne l'est-elle pas ?
>
> Troisième question : Dans le premier cas, est-il prudent et convenable de conserver notre Système dans sa forme actuelle ? Et dans le second, devons-nous y renoncer absolument ?
>
> Quatrième question : Quel est le système le plus convenable pour réunir le plus possible et sans danger les parties constituantes de l'Ordre en un seul et même régime ? »

En véritable archéologue des possibles origines templières de la franc-maçonnerie, Willermoz

1. Jean-Baptiste Willermoz devant le convent de Wilhelmsbad, 1782, actes du Convent, *Les Cahiers verts*, n° 7, page L.

invite ses frères à s'interroger avec prudence sur les preuves qui attesteraient de la filiation entre les Templiers et l'ordre maçonnique de la Stricte Observance. Il les incite à renoncer à la restauration pure et simple de l'ordre du Temple, qui pourrait inquiéter certains d'entre eux et les puissances politiques, au profit d'un effort pour recueillir les savoirs et les connaissances des Templiers, et s'inspirer de leurs vertus chevaleresques afin de fortifier la dimension chrétienne de la franc-maçonnerie.

Neuf ans après le convent de Wilhelmsbad, où Willermoz a fait la promotion de ses Chevaliers Bienfaisants de la Cité Sainte, la France est en plein séisme révolutionnaire. Louis XVI a quitté secrètement Paris avec sa famille avant d'être rattrapé à Varennes, et la Constitution civile du clergé divise l'Église entre jureurs et réfractaires. L'abbé François Lefranc, ancien supérieur du séminaire de Caen, fait alors paraître un ouvrage appelé à une longue postérité : *Le Voile levé pour les curieux ou Le secret de la révolution révélé à l'aide de la franc-maçonnerie*. Pour lui, aucun doute, les Templiers sont depuis 1789 en train de venger la double condamnation de leur ordre par le pape et le roi de France et le supplice de leur dernier grand maître, Jacques de Molay, mort sur le bûcher le 11 mars 1314. Ayant juré la perte de la monarchie des Lys, ils préparent leur plan démoniaque depuis des décennies. Ils ont pris le contrôle de la franc-maçonnerie en y développant des grades dits de vengeance comme celui de chevalier Kadosh, et des grades qui ne dissimulent même pas leur obédience templière. L'année suivante, l'abbé Lefranc est victime des massacres de Septembre, commis dans les prisons par la foule révolutionnaire. C'est bien qu'il fallait le faire taire pour qu'il ne dévoilât pas la vérité.

Comment faire l'histoire des connexions templières de la franc-maçonnerie ? S'agit-il d'une tradition inventée, transmise de chevalier maçon à chevalier maçon et devenue, dès lors, réalité dans la pratique rituelle des loges qui s'y réfèrent, ou plutôt d'une filiation véritable ? En ce cas, les francs-maçons ont-ils fait allégeance aux Templiers en les reconnaissant comme les Supérieurs inconnus de leur ordre ou s'en revendiquent-ils symboliquement les héritiers ? Sont-ils devenus l'instrument démoniaque de leur vengeance, comme l'affirment Lefranc et après lui Cadet de Gassicourt dans *Le Tombeau de Jacques de Molay* ? Il est certain, en tout cas, que cette histoire dit beaucoup des sources d'inspiration de la franc-maçonnerie et de son succès européen, puis mondial.

Discours fondateur et récit de fondation

Le 26 décembre 1736, le chevalier Andrew (André) Ramsay, grand orateur de la Grande Loge de Paris, prononce la première version du discours qui fonde l'esprit chrétien et chevaleresque de la franc-maçonnerie française – voir chapitre « Les jacobites ont-ils allumé les premiers feux de l'Art Royal en France ? ». Ce discours qui, depuis lors, porte son nom a été recopié puis publié, et finalement largement diffusé. Au même moment, le grand maître, le très jacobite comte Derwentwater, vise les *Règles générales de la Maçonnerie*.

> Du temps des guerres saintes dans la Palestine, plusieurs princes, seigneurs et artistes entrèrent en société, firent vœu de rétablir les temples des chrétiens dans la Terre sainte, s'engagèrent par serment à employer leur science et leurs biens pour ramener l'architecture à la primitive institution, rappelèrent tous les signes anciens et les paroles mystérieuses de Salomon, pour se distinguer des infidèles et se reconnaître mutuellement… [et décidèrent de] s'unir intimement avec… [les Chevaliers de Saint-Jean de Jérusalem]. Dès lors et depuis, nos loges portèrent le nom de loges de Saint-Jean dans tous les pays. Cette union se fit en imitation des israélites lorsqu'ils rebâtirent le second temple. Pendant que les uns maniaient la truelle et le compas, les autres les défendaient avec l'épée et le bouclier.

Au-delà de la question des origines et de la transmission, ce sont les différences d'horizon symbolique entre maçonnerie anglaise et maçonnerie française qui apparaissent. En effet, au XVIIIe siècle comme aujourd'hui, l'épée est interdite dans les temples anglais, alors qu'elle est omniprésente dans les temples français, quels que soient les grades et les rites. De ce côté-ci de la Manche, on n'envisage pas de distinction ni de chevalerie sans épée. À l'inverse, outre-Manche, l'épée renvoie trop aux guerres civiles, aux violences et aux exécutions pour avoir droit de cité dans le temple de la Fraternité.

Le *Discours* de Ramsay fait référence aux Hospitaliers, mais les contemporains ont surtout retenu les origines chevaleresques et la dimension chrétienne de l'ordre. À cette époque, toute une chevalerie élective se développe. Le grade écossais – supérieur au grade de maître donc – de chevalier élu, préfiguration des grades templiers ultérieurs, est particulièrement recherché. Une structure s'organise très tôt : l'Ordre sublime des Chevaliers élus, avec des grands maîtres provinciaux en France, mais aussi en Suisse, en Allemagne, en Italie du Nord et jusqu'aux Antilles. Cette dynamique chevaleresque est européenne, puisque le registre de la loge *Aux trois Cygnes* de Dresde, en Saxe, montre qu'en 1741, les membres de cette loge de Cour ont adopté des noms d'ordre de type chevaleresque. À la tête de la loge, le comte de Rutowsky est ainsi chevalier de l'Aigle, le comte de Solms, ambassadeur de Russie, est chevalier des Scythes, tandis que le comte des Alleurs, représentant de Louis XV en Saxe, est chevalier Roland.

Toutes ces traces éparses relevées dans les archives annoncent le succès du grade de chevalier

Kadosh, terme qui signifie « sacré » ou « consacré » en hébreu. Ce grade qui occupe aujourd'hui le 30e degré du Rite Écossais Ancien et Accepté, rite le plus diffusé à travers le monde, est un grade dit « de vengeance », car le récipiendaire est appelé à venger la mort d'Hiram, l'architecte du temple de Salomon tué par les mauvais compagnons qui voulaient lui voler les mots et signes de reconnaissance. Il a fortement inspiré les francs-maçons, mais aussi les antimaçons. On trouve ainsi, dans les *Mémoires pour servir à l'histoire du jacobinisme* de Barruel, cette note : « Pour concevoir cette haine des juifs contre les rois de France, il faut remonter jusqu'à Philippe le Bel qui, en l'année 1306, avait chassé de France tous les juifs, et s'était emparé de tous leurs biens. De là, dans la suite, cause commune avec les Templiers. Origine du grade de Kadoc (*sic*)[2]. » Templiers et Juifs seraient donc unis dans le même désir de vengeance contre le roi de France et le pape. Comme l'écrit un correspondant franc-maçon de Barruel, Johann August von Starck (1741-1816), la maçonnerie aurait alors été « templifiée[3] ».

---

2. *Mémoires pour servir à l'histoire du jacobinisme par M. l'abbé Barruel,* Tome second, Hambourg, Chez P. Fauche Libraire, 1798, chapitre X, « De la Rébellion », p. 321.

3. Archives jésuites de la Province de France, Vanves, H Ba 57, papiers Barruel, correspondance, lettre de Starck à Barruel reçue le 9 octobre 1797.

C'est précisément en Saxe – terre de réforme depuis Luther – que ce tropisme chevaleresque débouche au début des années 1760 sur un projet de réforme ou de rectification maçonnique, qui serait aussi un retour à la pureté de l'ordre, sous la forme de la fondation d'une franc-maçonnerie templière.

Rencontre avec les Supérieurs inconnus

La réforme maçonnique d'inspiration templière, connue sous le nom de Stricte Observance Templière, est d'abord l'œuvre d'un homme : le baron Karl Gotthelf von Hund und Altengrotkau (1722-1776), issu d'une famille noble de Silésie. Hund est initié à Francfort-sur-le-Main à l'âge de 19 ans, le 18 octobre 1741. Il s'éveille à la vie maçonnique dans un atelier aristocratique, dénommé la « Grande Loge », sans plus de précision. Les princes Georges et Frédéric de Hesse-Darmstadt sont présents au sein d'une noble assemblée, et Frédéric est même le parrain maçonnique de Hund. C'est dans cette « société des princes » germaniques, dans leur entourage, que Hund puisera deux décennies plus tard les forces initiales de la Stricte Observance, avant d'élargir socialement et géographiquement son recrutement. Le 21 juillet 1742, Hund, qui a alors entrepris un voyage de formation (*Kavalierstour*) en Europe, est élevé au grade de maître à Gand, au sein de la loge *Les Trois Roses*. Un mois plus tard, à Bruxelles, il reçoit des mains du duc d'Albemarle son premier grade écossais dans la loge dite de *L'Arbre rompu*. Hund prend pour nom d'ordre celui de Chevalier de l'épée. C'est sa première rencontre avec un franc-maçon jacobite de haut rang. Sa progression dans les systèmes de hauts grades alors en formation est rapide. C'est muni de ces hauts grades et fort de ces premières fonctions maçonniques que Hund arrive à Paris. Le 12 décembre 1742, il participe aux travaux d'un nouvel atelier : la loge des *Trois Compas*. Il en devient vénérable dès le 3 janvier 1743. Lorsqu'il quitte Paris en novembre, Hund transmet le maillet au baron Merklem, mais se réserve la possibilité de reprendre place à l'orient – où siège le vénérable –, en cas de retour dans la capitale française. Hund n'a sûrement pas cessé toute activité maçonnique entre la fin 1743 et le 24 juin 1751, année où revenu sur ses terres, il fonde la loge *Aux trois colonnes*, à l'orient d'Unwürde. Seul le manque de sources ne permet pas de connaître son parcours maçonnique pendant ces huit années.

Hund aurait rencontré à Paris les représentants britanniques des « Supérieurs inconnus ». Dès les années 1760, cette rencontre a nourri les fantasmes, suscité les plus folles rumeurs, les témoignages les plus contradictoires, et toutes sortes d'identifications. On a tout d'abord assimilé cet ordre à l'ordre maçonnique ou à l'ordre du Temple, voire aux deux réunis. Les prétendants Stuarts aux trônes d'Angleterre et d'Écosse, Jacques III ou son fils Charles Édouard, seraient les Supérieurs inconnus, et les nobles britanniques rencontrés par Hund à Paris, leurs représentants, chargés d'obtenir des fonds pour préparer un débarquement en Écosse. Au cours des années 1760, cette thèse est encore admise par la majorité des membres de la Stricte Observance Templière, ce qui n'est rien de moins qu'une preuve de sa validité.

Selon la légende templière de la Stricte Observance, Hund aurait été nommé à la tête de la VIIIe province templière, ce qui sert surtout à légitimer son autorité à une époque où elle commence sérieusement à être contestée. De son propre aveu cette fois, Hund reconnaît s'être converti au catholicisme pendant son séjour à Paris.

En 1753, il crée un chapitre de hauts grades associé pour les grades inférieurs à la loge des *Trois Colonnes*. Ses premiers procès-verbaux n'évoquent pas encore la Stricte Observance ni les Templiers. En revanche, ils montrent que les travaux se focalisent sur la fondation d'un improbable établissement au Labrador – pour en faire une colonie chevaleresque. Ils insistent aussi sur le maintien des relations avec les Supérieurs inconnus britanniques. Les premiers échos de la restauration de l'ordre des Templiers, que projetteraient les supérieurs britanniques de l'organisation, apparaissent vers 1754 dans les comptes rendus d'assemblées du petit groupe. Hund comprend alors que la franc-maçonnerie peut servir à gagner de nouveaux candidats à l'aventure coloniale et à lever des fonds. Il envisage donc la possibilité d'un prosélytisme en direction des francs-maçons de condition, la création de loges, ainsi que la rédaction de documents : patentes, catéchismes, qui pourraient être montrés aux francs-maçons pour les convaincre de se rallier au groupe. Mais il n'est jamais question de révéler à la franc-maçonnerie la véritable nature du projet ni de l'associer ès qualités. On est donc encore loin de la Stricte Observance qui prend son envol au milieu des années 1760, après la guerre de Sept Ans (1756-1763). Si au convent d'Altenberg en 1764, Hund ne réunit qu'une vingtaine de frères, l'environnement maçonnique est désormais propice à un essor rapide.

Une réforme au succès fulgurant

Deux ans plus tard, ils sont déjà 218. Puis, jusqu'au célèbre convent de Wilhelmsbad de 1782 où l'ordre se divise, ce sont plus de 1 100 nouveaux membres qui rejoignent ses rangs. Sachant que la Stricte Observance comprend en Allemagne 24 loges « écossaises » et 75 loges symboliques pour les apprentis, compagnons et maîtres, on peut estimer qu'elle contrôle au moins un quart des francs-maçons allemands. L'ampleur du succès est, en tout cas, éclatante.

La croissance fulgurante des effectifs en Allemagne, mais aussi son implantation en France, en Suisse, en Italie, en Pologne, au Danemark, en Russie, dans les États patrimoniaux des Habsbourg, témoignent des capacités du tissu maçonnique à se régénérer et à répondre aux aspirations à la réforme : réforme qui doit renouer avec la franc-maçonnerie primitive, chasser du temple ceux qui sont indignes d'appartenir à la Fraternité par leurs mœurs ou leur trop modeste extraction sociale, et proposer d'autres rituels, révélations et mystères que ceux proposés par la franc-maçonnerie « anglaise » – c'est-à-dire ici symbolique ou bleue.

Pour le comprendre, outre l'aspiration générale à la réforme maçonnique, il ne faut pas oublier de prendre en compte le contexte culturel. En effet, si la mode du gothique est identifiée au XIXe siècle, le XVIIIe siècle enregistre déjà un extraordinaire engouement pour les romans et les ordres chevaleresques, ainsi que pour les valeurs qu'ils portent. Nombre de cénacles chevaleresques ont servi de viviers aux loges maçonniques, ou ont été créés par elles. Le tropisme nobiliaire de la Stricte Observance est d'ailleurs manifeste : 41 membres appartiennent à des maisons régnantes, 227 à la haute noblesse, et 496 à la moyenne et petite noblesse.

ne représentait qu'un intérêt marginal pour le projet utopique des années 1740-1750, est désormais passée au centre des préoccupations du baron de Hund et de son entourage.

Avec la vogue des hauts grades chevaleresques et chrétiens et l'apparition des premiers grades d'inspiration templière, la création d'un nouveau régime maçonnique qui ne serait pas seulement un système de hauts grades parmi d'autres, mais une véritable utopie intérieure, celle d'une Europe maçonnique chevaleresque transgressant les frontières d'une Europe confessionnelle pour adopter la matricule des provinces templières, rejetant la roture hors du temple, ne pouvait que rencontrer un accueil favorable. Certains aventuriers comme Johnson l'ont d'ailleurs bien compris, qui tenteront de faire main basse sur la Stricte Observance Templière, en affirmant qu'ils sont les vrais Supérieurs inconnus.

La mainmise aristocratique sur la Stricte Observance est manifeste, avec la nomination comme supérieur général de la Stricte Observance du duc Ferdinand de Brunswick-Lunebourg (1721-1792) en 1772, assisté de Charles de Hesse-Cassel (1744-1836) à la tête de la principale province de l'ordre. Hund est progressivement éclipsé.

La croissance rapide des effectifs de la Stricte Observance masque cependant une réelle fragilité. Il ne fait bientôt plus de doute, hors de Suède – où Charles de Sudermanie (1748-1818), futur Charles XIII, s'arc-boute sur la thèse des origines templières pour légitimer son ambition de devenir le grand maître de toute la Stricte Observance –, que la franc-maçonnerie n'est pas directement née de l'ordre du Temple. Au sein même de l'ordre, nombreux sont ceux qui, à l'instar de Jean-Baptiste Willermoz – Lyon est le siège de la IIe province, dite d'Auvergne, de la Stricte Observance –, pressent le supérieur général de convoquer un convent qui renoncera définitivement à la référence templière, devenue totalement anachronique, voire dangereuse, car susceptible d'inquiéter les souverains. Surtout, la Stricte Observance nourrit les convoitises des *Illuminaten*, ordre né en 1776 et qui choisit clairement de parasiter la Stricte Observance pour croître à ses dépens. Partisans des Lumières radicales, les *Illuminaten* voient dans la référence templière le signe du complot jésuitique pour faire basculer la franc-maçonnerie dans le camp des anti-Lumières et prendre l'avantage dans le combat titanesque qui oppose les forces de l'obscurantisme à celles de l'éveil et du progrès. Ils prennent donc pour cible les supérieurs de la Stricte Observance pour déstabiliser l'ordre et déboussoler ses membres, dans le but de les rallier. Pour eux, la Stricte Observance – qui regroupe des protestants et des catholiques – est un instrument papiste ou jésuitique pour combattre le protestantisme. La conversion avérée de plusieurs dirigeants protestants de l'ordre au catholicisme, les nombreuses rumeurs – notamment la prétendue conversion du roi de Suède Gustave III au catholicisme après une visite à Rome, lors de laquelle il a assisté à la messe de Noël 1783 à Saint-Pierre – et les maladresses de dirigeants catholiques de la Stricte Observance Templière déstabilisent l'ordre. Les accusations de détournement d'argent et d'enrichissement personnel font le reste.

Lors du convent de Wilhelmsbad en 1782, les *Illuminaten* recrutent massivement parmi les délégués des provinces de la Stricte Observance ébranlés par les révélations. Ils obtiennent même le ralliement secret des deux chefs de file de l'ordre, Charles de Hesse-Cassel et Ferdinand de Brunswick-Lunebourg, devenu respectivement *Aaron* et *Joseph* en 1783 – voir chapitre « Les *Illuminati* ont-ils infiltré les loges maçonniques ? ».

C'est ce contexte difficile que le Lyonnais Jean-Baptiste Willermoz tente lui aussi de mettre à profit, mais dans une perspective opposée à celle des *Illuminaten* et des Lumières radicales. Il propose en effet une « réforme de la réforme [templière] », d'inspiration chrétienne et chevaleresque, mais débarrassée des oripeaux templiers. Son projet s'incarne dans la création de l'ordre des Chevaliers bienfaisants de la Cité sainte. Willermoz est particulièrement critique vis-à-vis de la Stricte Observance, dont les dirigeants allemands tardent à prendre acte du développement de l'ordre hors de l'espace germanique et à reconnaître institutionnellement le rôle désormais tenu par les frères italiens, suisses et français. Bien implantée en Italie, en Suisse alémanique, la réforme de Jean-Baptiste Willermoz ne réussit cependant pas à rallier le gros – protestant – des troupes de la Stricte Observance en Allemagne, tant la campagne de dénigrement des *Illuminaten* sur l'instrumentalisation de la réforme lyonnaise par les jésuites a fait mouche. Mais l'échec final de la Stricte Observance et ses divisions internes ne doivent pas occulter l'essentiel, c'est-à-dire sa capacité à une diffusion hors d'Allemagne et à élaborer un projet européen, fût-il uchronique, celui d'une Europe templière, au cœur de l'Europe des Lumières.

Réveils templiers

La longévité de Jean-Baptiste Willermoz – il meurt en 1824 – lui a permis, par-delà les épreuves de la Révolution, notamment à Lyon pendant la Terreur, où il a dû se cacher et cacher ses archives, de réveiller son ordre au début du XIXe siècle. Le Rite Écossais Rectifié est depuis lors et jusqu'à aujourd'hui l'héritier à la fois des réformes templières et, plus globalement, d'une conception chevaleresque et chrétienne de la franc-maçonnerie, davantage tournée vers la bienfaisance que vers la philanthropie. Cette dernière a en effet été, au cours du XIXe siècle, un vecteur de sécularisation du temple, qui la rend mal à l'aise.

En Scandinavie, le rite suédois est l'héritage des revendications templières du duc de Sudermanie, qui aimait à organiser dans la baie de Stockholm des reconstitutions historiques comme la reprise de Jérusalem par les croisés, ponctuée par des feux d'artifice, tandis qu'aux États-Unis, un ordre nommé DeMolay ou DeMolay International – du nom du dernier grand maître du Temple – prospère depuis le lendemain de la Première Guerre mondiale.

C'est tout cet imaginaire que convoque depuis le milieu des années 2000 la série de jeux vidéo *Assassin's Creed*, où s'affrontent des membres de la secte secrète des Assassins et les représentants de l'ordre du Temple. Significativement, l'opus dédié à la Révolution française, *Unity* (2014), s'ouvre sur une cinématique représentant le supplice de Jacques de Molay sur le bûcher, qui maudit Philippe IV le Bel (1268-1314), roi de France, et le pape Clément V (vers 1264-1314). La représentation est directement inspirée de Cadet de Gassicourt et de son *Tombeau de Jacques de Molay*. Le long sous-titre de cet ouvrage donne le ton et explique qu'après les éditions de 1791 puis de 1797, il soit devenu une pièce maîtresse des théories conspirationnistes : *Histoire secrète et abrégée des initiés, anciens et modernes, des templiers, francs-maçons, illuminés etc. Et recherches sur leur influence dans la Révolution française, suivie de la Clé des Loges*.

5

Le Temple maçonnique s'est-il ouvert aux juifs ?

Figure de la communauté juive américaine, le rabbin Isaac M. Wise (1819-1900) n'hésitait pas à affirmer que « la franc-maçonnerie est une institution juive dont l'histoire, les grades, les devoirs, les mots d'ordre et la philosophie sont juifs du début à la fin ». De fait, les références au Temple de Salomon, à son architecte Hiram, aux colonnes Jakin et Boaz qui marquent symboliquement l'entrée dans le sanctuaire sont omniprésentes en franc-maçonnerie. Parmi les hauts grades, celui de chevalier Kadosh est l'un des plus recherchés au milieu du XVIIIe siècle. La question paraît dès lors tranchée. L'Art Royal s'est développé dans un environnement culturel et symbolique qui est celui de la Bible et, plus spécifiquement, de l'Ancien Testament. Les détracteurs de la franc-maçonnerie vont même plus loin en stigmatisant une collusion entre juifs et francs-maçons en vue de détruire le

À partir des années 1760, la Stricte Observance substitue à la carte de l'Europe des Lumières celle de l'Europe templière avec ses commanderies et ses prieurés. Par-delà les fractures confessionnelles entre catholiques et protestants, elle nourrit le rêve de restaurer la *Romania* chrétienne. Puissance maçonnique transnationale, elle adopte un découpage en provinces templières volontairement anachronique : la plus importante, la VIIe province, dite « province de Basse-Allemagne », ressuscite ainsi la Lotharingie carolingienne.

Après le convent d'Altenberg (1764), les fondations de loges s'accélèrent, le réseau des correspondances s'étoffe, et les effectifs gonflent. L'une des premières est la loge *Saint-Jean des Voyageurs*, orient de Dresde, dirigée par Aloysius von Brühl (1738-1793), grand maître de l'artillerie du roi – saxon – de Pologne. Fondée en 1765, cette loge aristocratique rencontre un succès immédiat et attire de nombreux étrangers, qui feront connaître la réforme jusqu'en Piémont et à Lyon. Dès 1766, un tableau de membres adressé à la Grande Loge des Maîtres Réguliers de Lyon témoigne du rayonnement de l'atelier saxon : sur 46 membres, 15 seulement sont allemands contre 10 français – parmi eux, l'ambassadeur de France près l'électeur de Saxe. La loge réunit également des Italiens, des « Savoisiens », des Polonais, des Russes, des Baltes, l'envoyé du roi d'Angleterre, le comte de Stanhope. La franc-maçonnerie, qui monde chrétien. En 1779, le dominicain Ludwig Greinemann prononce un virulent sermon contre les francs-maçons et les juifs. Pour ce prédicateur, « les juifs qui avaient crucifié le Sauveur étaient des francs-maçons », et, « avant de trahir Jésus-Christ, Judas avait été reçu maçon dans une loge ». Son prêche suscite des troubles dans la ville. Il est encore cité dans *The Freemason's Monthly Magazine* en 1844. À partir du XIXe siècle, ils sont des milliers à lui emboîter le pas pour dénoncer la « synagogue de Satan » et développer la thèse du complot judéo-maçonnique.

Pour autant, la relation nouée entre l'Art Royal et le monde juif semble, dès l'origine de l'ordre, beaucoup plus complexe que ce qu'une lecture superficielle des emprunts symboliques pourrait laisser croire. Dans ses *Dialogues pour des francs-maçons* (1777-1780), qui paraissent à la même époque, le philosophe allemand Gotthold Ephraïm Lessing (1729-1781) pointe déjà les préjugés des francs-maçons de son temps à l'encontre des juifs et leur refus d'élargir la tolérance de l'ordre au-delà des limites du christianisme. Dans cet ouvrage majeur, mais écrit par un homme qui n'a que très brièvement fréquenté la franc-maçonnerie, Ernst et Falk, réunis pour une cure thermale à Pyrmont en Basse-Saxe, dialoguent.

Une question de principe

> Ernst : Cette égalité que tu m'as indiquée comme base de l'Ordre, cette égalité qui emplissait toute mon âme d'un espoir si inattendu : pouvoir la respirer enfin en société d'hommes capables de penser, au-delà des modifications de la société bourgeoise, sans préjudice pour autrui.
>
> Falk : Eh bien ?
>
> Ernst : Elle existerait encore ? Si elle a jamais existé ! Fais venir un juif éclairé et fais-lui faire sa demande ! « Oui », dit-on, « un juif ? » Le franc-maçon doit être chrétien. Peu importe la sorte de chrétien. « Sans différence de religion » ne veut dire que « sans différence » entre les trois religions officiellement tolérées dans le Saint Empire romain (les confessions catholique, évangélique – luthérienne – et réformée – calviniste). Es-tu de cet avis ?
>
> Falk : Moi, certainement pas.

Qu'en est-il vraiment dans la vie des loges ? À Marseille, principal port français sur la Méditerranée, la loge *La Parfaite Sincérité* stipule dans l'article XII de ses « Statuts et Règlement » que « tous profanes qui auraient le malheur d'être juifs, nègres, ou mahométans ne doivent point être proposés ». Elle n'est pas la seule. Le 20 mai 1764, la loge toulousaine *La Parfaite Amitié* avait déjà décidé « de ne pas recevoir les juifs dans la loge ».

Dans les deux cas, c'est de droit que les juifs sont donc exclus. Le prétendu cosmopolitisme des grands ports au siècle des Lumières ne se confond donc pas avec une conception universaliste de la philanthropie. Les archives témoignent cependant de l'existence de plusieurs cas où des juifs ont sollicité leur réception dans l'ordre. À Bordeaux, où existe une importante communauté sépharade, un négociant hollandais de religion juive, Cappadoce, demande à s'affilier à la loge *Anglaise*. Il compte sans doute sur les origines britanniques de l'atelier – les juifs étant réputés bénéficier outre-Manche d'une plus large tolérance qu'en France. Il échoue pourtant le 30 novembre 1747, mais ne renonce pas. Le 11 février 1749, il présente à l'appui de sa candidature une lettre de recommandation du vénérable de la loge *La Paix* d'Amsterdam et essuie un nouveau camouflet. Le motif n'en est pas dissimulé. C'est l'appartenance de Cappadoce à la religion d'Israël qui est la cause de son rejet : le 11 février 1749, « il a été décidé que jamais Juif – écrit en gros caractères – ne serait admis parmi nous[1] ».

L'*Anglaise* n'est pas la seule à se montrer inflexible. Un demi-siècle plus tard, en janvier 1791, la *Française d'Aquitaine* refuse l'entrée

---

1. Minsk, Bibliothèque nationale d'État, boîte 091/85 (H), *Livre d'architecture depuis le 27 avril 1732 jusqu'au 13 mai 1755 n°1*, Loge de l'*Anglaise*, Bordeaux.

d'un « Salimi Astruck de Tunis en Afrique juif de religion » pourtant muni d'un certificat que lui a accordé le Grand Orient de France. Le contexte est pourtant à l'émancipation des juifs et aux débats autour des propositions de l'abbé Grégoire. Une loge, *L'Étoile flamboyante aux trois lys*, esquisse cependant une ouverture, en acceptant d'accueillir des frères juifs sur ses colonnes. Dans le contexte très particulier de 1794, la Grande Loge générale décide en janvier que « dorénavant ils [les juifs] seront admis dans nos travaux, de même que tous autres citoyens quels qu'ils puissent être, pourvu toutefois qu'ils soient reconnus probes, vertueux et bons républicains ». S'agit-il d'une concession à la radicalisation politique de la Terreur, alors que la franc-maçonnerie est particulièrement menacée ? On peut le croire, car on n'observe pas dans les faits de rupture radicale durable avec l'Ancien Régime sur ce point. Sous l'Empire, alors que le contexte politique profane semble plus favorable – avec la poursuite de l'émancipation voulue par Napoléon –, la loge entière se voit interdite de participation à la Grande Loge provinciale par les autres ateliers bordelais pour ce motif précis : « Vous vous étiez écarté[s] de la convention passée entre toutes les Loges de la confédération, en admettant des juifs à nos travaux. Elle – la grande loge provinciale – ne peut donc s'occuper de votre réclamation que préalablement vous ne vous soyez conformés aux règlements. » Ici encore, il faut donc battre en brèche le mythe selon lequel les francs-maçons auraient été en avance sur les combats de leur siècle. Qu'il s'agisse de l'esclavage ou des femmes, leurs postures sont, au contraire, largement le reflet des préjugés de leur époque.

Frères ou amis ?

Un autre observatoire de l'intolérance que la franc-maçonnerie nourrit à l'encontre des juifs est offert par le port de Bayonne, alors qu'en bordure, à Saint-Esprit-lès-Bayonne, existe une niche juridique, où les juifs dits de la nation portugaise – en raison de leur origine sépharade et ibérique – bénéficiaient de privilèges juridiques significatifs. À Bayonne, une loge prospère, la *Zélée*, présente l'originalité d'avoir accueilli dans ses rangs des frères dont elle n'ignorait pas, lors de leur affiliation, qu'ils étaient juifs. Ils comptent en effet parmi ses cofondateurs. Dans ce cas, c'est l'élévation à de hauts grades d'essence chrétienne et même christique, comme le Souverain Prince de Rose-Croix, qui fait éclater le conflit. À ce grade, particulièrement recherché au XVIIIe siècle – et bien au-delà –, les membres de l'atelier commémorent la Cène, et adoptent pour symbole du grade le pélican associé à la croix. Le pélican qui s'ouvre la poitrine pour nourrir ses enfants fait directement référence au Christ, et à son sacrifice volontaire.

Pour plusieurs membres de la *Zélée*, il n'est pas envisageable d'associer des juifs au dernier repas du Christ et à la commémoration de sa passion. N'obtenant pas gain de cause auprès du Grand Orient qui temporise, ceux-ci décident donc de faire sécession et de créer un nouvel atelier, l'*Amitié*. Dans une lettre à la Chambre des provinces du Grand Orient, datée du 12 juillet 1783, ils justifient leur sécession en ces termes : « Nous savons tous que l'homme est l'égal de l'homme, qu'une des plus belles vertus du vrai maçon est de rappeler cette vérité ; mais nous savons aussi que la douceur, l'honnêteté, la politesse doivent former la base de la société, si on veut y trouver de l'agrément. » Et de conclure : « Les membres qui s'opposaient à notre union et à notre prospérité ne sont plus à même de nous nuire ; nous avons goûté enfin le bien précieux d'être vraiment une assemblée d'amis. » La leçon adressée au Grand Orient est claire : les frères se pensent avant tout comme des « amis choisis ». On ne saurait leur imposer une fraternité contre nature.

Des recherches sur les loges maçonniques aux Provinces-Unies viennent, de leur côté, remettre en cause la légende de la tradition d'accueil de la franc-maçonnerie hollandaise qui trancherait sur la fermeture des autres maçonneries continentales. Elles montrent en effet que les membres de la puissante loge du négoce amstellodamois et de la Bourse, la *Bien Aimée*, décident qu'il ne pourra jamais y avoir plus de huit membres juifs parmi eux, règle qu'ils maintiennent jusqu'en 1798. Ils précisent qu'aucun d'eux ne peut devenir officier.

En contexte colonial

Au XIXe siècle, les départements français d'Algérie, où les juifs sont l'objet de discriminations et d'un statut juridique particulier qui les maintient en marge de la citoyenneté, constituent un bon observatoire d'une éventuelle évolution des loges par rapport au siècle précédent. La situation mérite d'autant plus l'attention qu'avec Adolphe Crémieux (1796-1880), la franc-maçonnerie a associé son nom à l'émancipation des juifs, comme elle l'a fait pour l'abolition de l'esclavage avec Victor Schoelcher. Franc-maçon depuis 1818, brillant juriste, Crémieux est élu à l'Assemblée nationale à partir de 1842. Il participe activement à la structuration de la communauté juive de France, comme président du Consistoire central en 1843. Fraîchement converti à la République – mais il ne variera plus sur ce point –, hésitant après le coup d'État du prince-président Louis-Napoléon Bonaparte en 1851, il devient ensuite un opposant à l'Empire autoritaire et un fervent promoteur de l'émancipation des juifs et de la suppression de toute forme de discrimination dans l'espace public. Cofondateur de l'Alliance israélite universelle en

1860, il est l'un de ses principaux dirigeants et souvent son président durant les deux décennies qui suivent. Sur le plan maçonnique, il passe au Suprême Conseil – Rite Écossais Ancien et Accepté – et connaît une ascension rapide jusqu'à en devenir le Souverain Grand Commandeur en 1869. Avec l'effondrement du Second Empire après Sedan, celui qui a été le mentor de Léon Gambetta entre au gouvernement de la Défense nationale. Mais c'est surtout au décret qui porte son nom que son œuvre est dès lors attachée. En octobre 1870, Crémieux signe en effet le décret qui fait des juifs algériens des citoyens français. Il parachève ainsi son long combat pour l'émancipation des juifs et leur intégration de plein droit dans la cité. Ici aussi, son action au sein de l'Alliance israélite universelle rejoint sa conception de la franc-maçonnerie. À la première, il déclare en 1876 : « La France, la France, quels beaux exemples elle a donnés à la civilisation et au progrès depuis l'époque immortelle de 1789 ! Si nous voyons se réaliser, de jour en jour, chez les nations civilisées, ce solennel principe de l'égalité civile et politique, s'étendant à nos frères israélites, [...] c'est au soleil de notre France que s'est allumée cette flamme divine dont les rayons éclaireront le monde entier. » Quant à la franc-maçonnerie, il refuse l'abandon du Grand Architecte de l'Univers (GADLU) et fait adopter en 1873, au sein du Suprême Conseil, un décret obligeant les ateliers de l'obédience à travailler à la gloire du GADLU. Il refuse l'évolution à l'œuvre au sein de l'obédience rivale du Grand Orient de France, et fort de l'expérience accumulée depuis plus d'un demi-siècle d'engagement public et maçonnique, il met en garde : « Faites que la religion ne soit jamais un sujet de discorde. Voyez à quel point nous sommes arrivés par la tolérance ; moi qui suis israélite, avez-vous cherché de quelle religion j'étais ? Est-ce que lorsque je vous rencontre, je m'informe sous quelle forme vous adorez, cela ne me regarde pas, et prenez toujours pour principe de vous aimer les uns les autres. »

Pour autant, le décret Crémieux a rencontré de fortes résistances en Algérie, qui traduisent l'existence de freins à l'émancipation et surtout à l'admission sans réserve de frères d'origine juive sur les colonnes du temple maçonnique. Régulièrement, des pétitions sont adressées au convent pour demander la suppression du décret Crémieux, et contestant la politique de naturalisation des immigrés européens installés dans les départements algériens (1889). À Mostaganem, la loge *Les Trinosophes africains* est très claire : « Il y a intérêt à dénoncer ce fait social qui, avec raison, a pu être appelé le péril juif. » Elle estime « urgent de mettre en garde les ateliers contre l'envahissement de la franc-maçonnerie par les juifs ». Elle charge ses délégués de faire adopter cette motion au convent : « Le congrès recommande aux ateliers de la Fédération de ne recevoir, dans leur sein, les juifs qu'avec la plus grande réserve et la plus grande circonspection, s'associe au mouvement antisémite en tant que ce mouvement a pour effet d'attirer l'attention du gouvernement sur la situation privilégiée qui est faite aux juifs dans les différentes administrations et dans l'armée, en leur conférant des postes qui devraient être exclusivement réservés à des Français. » Un véritable séparatisme maçonnique existe d'ailleurs en Algérie à l'encontre d'obédiences métropolitaines supposées indifférentes, voire hostiles, et dans tous les cas incapables de comprendre le contexte local.

Dans ce contexte, l'affaire Dreyfus ravive encore les tensions. L'Algérie est très sensible aux thèses antisémites développées par Édouard Drumont (1844-1917). Or son antisémitisme se marie très bien à un antimaçonnisme forcené. Certaines loges comme *Hippone* – du nom antique de l'actuelle Annaba – à Bône peuvent bien protester, les candidats antisémites et antimaçonniques ont le vent en poupe, et Drumont est élu député d'Alger en 1898. À Constantine, la réaction d'une loge comme *Union et Progrès* est édifiante. Pour elle, l'antisémitisme n'est pas en cause, elle le partage évidemment, c'est la conjonction faite par Drumont entre les juifs et les francs-maçons qui doit être dénoncée comme un vecteur du cléricalisme pour affaiblir la République et servir le cléricalisme romain.

La prégnance des préjugés et des références antisémites est donc manifeste et leur persistance éclaire les temporalités différentes du droit et des mentalités. À ce titre aussi, la franc-maçonnerie est plus un miroir qu'un laboratoire.

6

La franc-maçonnerie a-t-elle pris pied en terre d'islam ?

Dans l'hôtel du Grand Orient de France, 16 rue Cadet à Paris, un grand portrait de l'émir Abd el-Kader (1808-1883) retient l'attention du visiteur. Il accrédite la réception dans l'ordre maçonnique de la figure de la résistance algérienne à la conquête française, alors que l'auteur algérien Mohamed-Cherif Sahli la présente comme une « forgerie » française dans *L'Émir Abd el-Kader. Mythes français et réalités algériennes*. Les sources permettent cependant de trancher. Le 18 juin 1864, Abd el-Kader est bien reçu franc-maçon à Alexandrie par la loge des *Pyramides*, à la requête de la loge parisienne *Henri IV*. Cette dernière avait entamé une correspondance avec l'émir après qu'en 1860 il avait offert sa protection aux chrétiens de Syrie, victimes de sanglantes émeutes. Cette intervention avait été saluée à travers toute l'Europe, et Abd el-Kader, alors en pèlerinage vers La Mecque, y avait gagné l'image d'un homme de paix et de dialogue interreligieux. Alors que la discrétion est la règle, la loge *Henri IV* et le Grand Orient lui-même communiquent librement sur la réception Abd el-Kader parmi les francs-maçons.

Cependant, il existe bien un « mystère », pour reprendre la formule de Thierry Zarcone[1]. Lorsque séjournant à nouveau en France, il doit se présenter le 26 août 1865 pour une cérémonie maçonnique, plusieurs centaines de « frères » invités pour l'occasion l'attendent en vain. Par la suite, son activité maçonnique semble très réduite. Abd el-Kader aurait-il regretté son adhésion à l'Art Royal ? Aurait-il confondu les confréries soufies et les loges maçonniques, puisque *tarîqa* sert à nommer les unes et les autres ? De fait, si à cette date le Grand Orient travaille toujours sous les auspices du Grand Architecte, sa philosophie paraît très éloignée de celle d'Abd el-Kader, marquée par une foi mystique. Son adhésion peut donc surprendre.

Plus largement, le cas Abd el-Kader interroge sur la manière dont la franc-maçonnerie a été comprise en terre d'islam et dans quelle mesure elle s'y est implantée. Significativement, dès 1865, l'émir est interrogé à ce sujet. À la question : « Que pense-t-on de la franc-maçonnerie dans les pays

---

1. Thierry Zarcone, *Le Mystère Abd el-Kader. La franc-maçonnerie, la France et l'islam*, Paris, Éditions du Cerf, Paris, 2019.

orientaux ? », il répond : « La maçonnerie, dans l'Orient, est mal considérée par les habitants : on regarde généralement les francs-maçons comme des gens sans croyances (athées), sans lois, prêts à troubler l'ordre de la société. Moi-même, avant d'avoir lu les statuts de la franc-maçonnerie, je partageais les mêmes opinions. Ce n'est qu'après avoir approfondi son but et ses lois que je me suis convaincu que c'était la plus admirable institution de la Terre. »

Cette incompréhension serait ancienne si l'on en croit l'abbé Delaporte, qui rapporte un siècle plus tôt, à propos de la ville cosmopolite de Smyrne, importante place commerciale pour les échanges avec l'Empire ottoman : « Ce qu'il y a de singulier, c'est que les francs-maçons sont les seuls qu'on ne tolère pas. [Ils] passent pour des infâmes et des magiciens que le libertinage et l'avarice conduisent aux assemblées. Le peuple est convaincu qu'ils se servent des ténèbres de la nuit pour cacher leurs débordements ; on ne serait pas en sûreté si on se donnait publiquement le titre de franc-maçon. »

Est-ce pour cette raison que, si par la suite des souverains et des leaders politiques musulmans ont envisagé de rejoindre l'ordre, ils se sont montrés particulièrement prudents ? L'opinion musulmane étant supposée hostile dans sa grande majorité à ce que l'on nomme du nom persan et ourdou, de *farâmûshkhâna,* « maison de l'oubli », elle doit ignorer leur appartenance. Le prince Murad V, sultan le temps d'une année en 1876, a donc été secrètement reçu par la loge française *Proodos* en 1872, tandis que le roi afghan réformateur Habîbullâh (1872-1919) choisit pour la même raison d'être initié à l'occasion de sa première visite d'État à l'étranger, à Calcutta en 1907, par la loge anglaise *Concordia*. Quant à Mustafa Kemal Atatürk (1881-1938), les historiens ne sont pas parvenus à trancher entre vérité et légende. Comme l'écrit Thierry Zarcone, « le mystère reste donc entier, mais le mythe d'Atatürk franc-maçon a fait et continue à faire son chemin ».

Le dossier de la franc-maçonnerie en terre d'islam mérite donc d'être instruit sereinement en partant de la documentation du XVIIIe siècle pour savoir s'il existait alors des loges, dans quelle mesure elles étaient *tolérées* par les autorités, et surtout pour savoir si des membres musulmans en faisaient partie ou si elles recrutaient parmi les *dhimmi*, les minorités non musulmanes et les « nations » formées des représentants des maisons de commerce occidentales.

Premières lumières

En dépit de ce qu'avance l'abbé Delaporte, les sources évoquent très tôt l'existence de loges dans l'Empire ottoman ou les visites de frères musulmans en voyage en Europe occidentale qui frappent aux portes des temples. En 1738, une lettre anonyme publiée par le *Saint-James Evening Post* laissait déjà entendre « que les loges de Smyrne et d'Alep ont pris une extension considérable et que plusieurs Turcs de haut rang ont été initiés ». Dans la décennie qui suit, Alexander Drummond (1698-1769), consul britannique au Levant, se montre particulièrement actif, et surtout sa correspondance personnelle offre un témoignage direct et précis. Franc-maçon enthousiaste, Drummond procède à de nombreuses réceptions parmi les consuls des différentes nations, les négociants et le personnel des factoreries, qu'il nomme chaleureusement ses « fils » ou ses « enfants » dans sa correspondance. Une lettre du 24 mai 1748, adressée depuis Alexandrette à Samuel Crowley à Smyrne, donne le ton : « Je suppose que mon fils, M. Jousta, est Consul de Suède et maintenant Vénérable Maître de votre Loge [...] je me réjouis d'entendre que lui et mes autres enfants ne sont pas seulement instruits dans l'Art Royal, mais que la Vertu, l'Harmonie et la Bienveillance règnent parmi vous quand vous êtes ensemble. » Drummond est tout aussi chaleureux et fraternel avec André-Alexandre Lemaire, consul français à Chypre de 1741 à 1746, malgré l'état de guerre entre leurs puissances respectives. Sur le plan institutionnel, on lui doit de manière certaine une création de loge à Alep, qu'il place en 1748 sous l'autorité de la Grande Loge d'Écosse, et il a sans doute allumé les feux d'une loge à Smyrne dès 1744-1745.

Devant le développement de la franc-maçonnerie, les autorités ne restent pas inactives, notamment en 1748, lorsque la paix revient avec la fin de la guerre de Succession d'Autriche. Les réactions émanent aussi bien des autorités chrétiennes – catholiques comme orthodoxes –, qui dans l'Empire ottoman ont autorité sur leurs communautés minoritaires, que du dīwān et du grand vizir lui-même. Interrogés par ces derniers, les ambassadeurs d'Angleterre et de France démentent le caractère de sorcellerie de l'Art Royal – le terme de « sorciers » est souvent et durablement employé dans les sources ottomanes puis musulmanes en général pour désigner les francs-maçons. Ils renvoient aux négociants de l'autre nation la responsabilité de l'introduction de la franc-maçonnerie. Le rapport de l'ambassadeur français, le comte des Alleurs, à son ministre des Affaires étrangères, daté du 24 novembre 1748, est une source exceptionnelle pour authentifier l'existence de loges maçonniques non plus seulement à Smyrne et à Alep mais aussi à Constantinople même. Il faut souligner que des Alleurs est lui-même franc-maçon depuis 1741 au moins, lorsqu'il s'est affilié à la loge de la cour de Dresde, *Aux trois cygnes*.

> Je dois vous rendre compte d'une chose assez particulière qui s'est passée ici au sujet des francs-

maçons. Plusieurs négociants anglais de cet ordre avaient tâché d'engager d'autres négociants français à prendre parti dans cette confrérie, et je crois qu'ils y étaient parvenus. L'assemblée générale se tenait à Péra – quartier des Européens à Constantinople – dans la maison d'un *drogman* – interprète et personnel de l'ambassade – d'Angleterre.

[...] Le Reis Effendy – le ministre des Relations étrangères de la Sublime Porte – me fit dire il y a quelques jours [...] qu'il y avait ici une assemblée des Francs-maçons qui [...] sous prétexte de faire des francs-maçons, donnaient trente écus à ceux qui voulaient se faire recevoir, et les engageaient ensuite à se faire Chrétiens. Je m'informais de ces faits qui se trouvèrent tous faux [...]. Instruit de ces choses, j'ai fait répondre au Reis Effendy qu'il y avait en effet ici une société des Francs-Maçons anglais et français, dont le but était l'amusement, qu'ils ne se mêlaient ni de politique ni de religion, et que j'avais défendu toute assemblée de cette espèce. Le Reis Effendy me fit redire peu de jours après qu'un Français logeant dans cette maison de Péra était sorcier [...] Je lui fis dire que je ne connaissais aucun Français sorcier, que celui qu'il me désignait était venu en Turquie par curiosité, que l'ayant satisfaite il était parti. [...] Le Reis Effendi m'a cependant faire dire qu'il ne croyait pas aux sorciers, mais que dans un pays où la populace était aussi susceptible que dans celui-ci, on ne devait y rien souffrir qui pût lui donner de l'ombrage, ou fournir des prétextes au moindre mouvement.

> P.-S. : J'ai écrit au Sieur Peyssonnel consul à Smyrne ayant appris qu'il y avait une loge des Francs Maçons dans cette échelle d'empêcher que les négociants français s'il y en a qui sont de cet ordre n'assistent aux assemblées[2].

Le nombre de loges augmente à la fin du XVIIIe siècle. *Saint-Jean d'Écosse* de Marseille, puissante loge du grand port phocéen, a notamment créé la loge *Saint-Jean d'Écosse de la Parfaite Union* à Constantinople. L'*Orientale de Péra* accueille, quant à elle, des négociants suisses et genevois, tandis que l'*Aurore de Byzance* est rattachée au Grand Orient national de Pologne en 1787. Ont-elles compté parmi leurs membres des Turcs ? Si l'on en croit Joseph de Maistre (1753-1821), la réponse est affirmative. Alors franc-maçon, tenant d'une ligne chrétienne et chevaleresque, il évoque une « anecdote singulière » : « C'est que la loge de Lausanne est en correspondance avec celle de Constantinople qui est composée de Turcs. Cela est plus extraordinaire qu'on ne peut l'imaginer. » On pourrait hésiter sur la fiabilité du témoignage de Joseph de Maistre, sachant que les préjugés sont nombreux de la part des chrétiens et que les auto-

2. Correspondance diplomatique, Turquie, CXX, folio 33, édité par le père Antoine Rabbath SJ, *Documents inédits pour servir à l'histoire du christianisme en Orient*, Paris, Picard, 1905, p. 134-136.

rités ottomanes voient dans tout développement de la franc-maçonnerie hors des « nations » ou communautés chrétiennes, une forme inacceptable de prosélytisme religieux en direction des musulmans. Pourtant, les archives maçonniques témoignent bel et bien de visites qui valident le témoignage de Joseph de Maistre.

Le 28 octobre 1784, « les Frères Abraham Raish et Ali Raish membres de la loge de Constantinople » se présentent ainsi à la loge *Saint-Louis des Amis Réunis* de Calais. Quelques semaines plus tard, le chevalier de Saint-Maurice, délégué d'une loge militaire venu assister à une cérémonie officielle, revient sur leur accueil et déclare avoir « été témoin des actes de Bienfaisance émanés de l'accord parfait de tous les membres de cette respectable assemblée ; même but, même désir vous y ont toujours réunis ; celui de secourir vos Frères et mettant de côté tous préjugés qui pourraient tendre à resserrer les bornes de vos vues bienfaisantes, vous les avez trouvés dans ceux mêmes qu'un climat, une langue et une Religion étrangère paraissaient avoir séparés à jamais de vous, et laissant au Grand Architecte De L'Univers, le Droit de juger de la sincérité et de la vérité du culte qu'on lui offrait, vous avez comblé la mesure de leur besoin ». Pour ce dignitaire, c'est donc le bien le cosmopolitisme – au sens fort du terme – qui a été mis à l'épreuve et qui en est sorti renforcé.

D'autres témoignages concernent l'existence d'au moins une loge dans la régence d'Alger, et documentent des déplacements non isolés de voyageurs venus des régences barbaresques ou du Levant, ainsi que la réception dans l'ordre de frères musulmans. Le 25 décembre 1787, les noms de « quatre frères du pays Dalgere (*sic*) » sont portés, sur le *Registre du Premier Souverain Chapitre de Rose-Croix établi à Paris le 17 juin 1769*, un chapitre de hauts grades donc : « Mouhamme bel Aly (Mouhamed bel Aly) fils d'un gouverneur de la Cour de l'Empereur du Maroc, Soliment Tagat (Soliman Tagan), Ebraïm (Ibrahim Algerino) capitaine de vaisseau algérien et Elafie abt Armaure ». Ils demandent au Grand Orient des certificats maçonniques afin de poursuivre leurs voyages en Europe. En 1789, l'un d'entre eux, Ibrahim Angelino, visite à trois reprises les *Vrais Amis de l'Union* à Bruxelles, où il reçoit le grade de Souverain Prince de Rose-Croix, considéré pourtant comme le type même du haut grade d'essence chrétienne. La scène interroge, car c'est précisément l'élévation de francs-maçons juifs au même grade qui a déclenché le schisme au sein de la loge de Bayonne. Pour Xavier Yacono, les frères bruxellois se seraient laissé abuser[3]. Mais sa thèse ne tient pas, car Ibrahim Angelino visite déjà le 27 novembre 1787 *Amitié et Fraternité*, la loge

3. Xavier Yacono, *Un siècle de Franc-maçonnerie algérienne (1785-1884)*, Paris, Maisonneuve et Larose, 1969, p. 13-16.

des élites dunkerquoises, et un mois plus tard le *Souverain Chapitre de Rose-Croix,* chapitre parisien susmentionné. Par ailleurs, la même année, un autre frère turc, muni cette fois d'un certificat d'une loge de Dublin, est introduit dans une assemblée générale des chambres du Grand Orient, en compagnie d'Abraham Baker d'Alger. Il semble donc que la tolérance soit plus grande à la fin du siècle vis-à-vis des frères musulmans, mais pas encore uniforme.

Entre Nahda et mouvement Jeune Turc

Pendant l'ère coloniale en Méditerranée, la franc-maçonnerie connaît un réel essor. Ses loges recrutent d'abord parmi les fonctionnaires coloniaux, les colons et les représentants des compagnies de commerce, mais aussi ponctuellement des représentants des élites locales. En Algérie, la création de loges débute dès la conquête. En 1839, le premier franc-maçon musulman reçu sur les colonnes est le grand mufti de Bougie, initié à la loge des *Frères Numides,* tandis qu'une loge *Ismaël* est fondée. Les résistances sont cependant nombreuses. À la fin du siècle, on en trouve une illustration avec l'examen de la candidature de l'Algérien Yûsuf Salâh, par la loge *L'Union africaine* d'Oran en 1891. Celui-ci est interrogé sur la signification d'humanisme et de patrie. Refusant de s'exprimer sur des concepts sans équivalent autre que métaphorique, selon lui, en langue arabe ou berbère, sa candidature divise la loge. Certains frères estimant que les Arabes sont une « race sans attirance pour la liberté », un frère algérien, outré, quitte alors l'atelier.

Dans l'Empire ottoman, la franc-maçonnerie prend son essor à l'époque des réformes des Tanzimat. Les leaders du mouvement Jeune Turc en sont proches, ce qui vaudra à l'ordre l'hostilité d'une fraction importante de l'opinion lorsque le gouvernement Jeune Turc montrera son autoritarisme. Le Grand Orient ottoman est fondé en 1909, son grand maître Talat Pasha (1874-1921) n'est autre que le chef du régime Jeune Turc, et les loges prennent souvent la forme de clubs politiques. L'instrumentalisation est donc manifeste. L'Égypte, quasi indépendante de la tutelle ottomane sous le khédive Mehmed Alî (1769-1849) avant qu'elle ne passe sous domination britannique à partir de 1882, et le Levant, sous tutelle ottomane mais avec un fort éveil culturel et national arabe à l'époque de la *Nahda* – la Renaissance –, connaissent aussi une importante activité maçonnique. Dans la première moitié du XIXe siècle, elle inclut aussi bien les anciens *Carbonari* italiens réfugiés en Égypte que les émigrés européens et les techniciens étrangers au service de la modernisation du pays. La loge *Les Pyramides* du Grand Orient de France est fondée en 1845 et regroupe plusieurs centaines de membres. Parmi les figures égyptiennes reçues franc-maçonnes en Égypte, on relève le nom du prince Halîm Pâshâ (1831-1894), fils du khédive Mehmed Alî. Élu grand maître du Grand Orient d'Égypte et de la Grande Loge de district d'Égypte lorsque le pays est entré dans l'orbite britannique, il devient grand maître de la Grande Loge de district de Turquie après son bannissement d'Égypte et son installation dans l'Empire ottoman. Sont aussi initiés l'intellectuel et propagandiste Jamâl al-Dîn al-Afghânî (1838-1897) ainsi que le cheikh Muhammad Abdûh (1849-1905), futur mufti d'Égypte, soufi et inspirateur des Frères musulmans. Tous deux cherchent à concilier islam et modernité, et considèrent que les loges peuvent favoriser leur rencontre. Cette voie est cependant étroite et bute souvent sur les incompréhensions et les exigences des radicaux de chaque camp. Si Muhammad Abdûh déchante, ses successeurs, emmenés par Rashîd Ridâ (1865-1935), durcissent leur discours religieux. Ridâ donne la première définition du péril judéo-maçonnique dans une *fatwâ*, ce qui lui donne une portée considérable.

Au Levant, la franc-maçonnerie rencontre aussi les aspirations à la modernité d'intellectuels arabes à l'époque de la *Nahda*, comme le chrétien Ǧurǧī Zaydān (1861-1914), initié à la loge *Le Liban* de Beyrouth. Journaliste, médecin et homme de lettres, Zaydān lui consacre une *Histoire générale de la Franc-maçonnerie des origines à nos jours*, la première histoire en langue arabe, parue en 1889. Il milite pour l'arabisation de la franc-maçonnerie. Mais, comme au XVIIIe siècle, l'ordre rencontre l'hostilité tant de l'Église maronite (catholique) que de l'Église orthodoxe, qui a condamné très tôt la Fraternité. La remise en cause du Grand Architecte de l'Univers en 1877 par le Grand Orient de France vient encore exacerber les tensions entre partisans d'une laïcité militante, d'une part, et croyants, de l'autre.

Menaces

Avec la décolonisation, les secousses politiques et idéologiques que connaît le monde islamique impactent fortement la vie des loges et la possibilité pour les musulmans d'y adhérer sereinement. Dans le contexte de la fondation de l'État d'Israël (1948) puis des premiers conflits israélo-arabes, les loges maçonniques sont souvent dénoncées comme des suppôts du sionisme. Le nationalisme arabe de Nasser n'est pas plus favorable à la franc-maçonnerie alors qu'il revendique l'émancipation du tiers-monde du joug occidental. L'ordre est interdit en Égypte en 1964. Cette accusation de sionisme est d'ailleurs omniprésente aujourd'hui dans les discours antimaçonniques en terre d'islam, où le succès des thèses du complot judéo-maçonnique ne se dément pas.

Alors que l'islam politique s'est radicalisé, la détestation de la franc-maçonnerie s'exprime aujourd'hui à plein, y compris sous ses formes les plus violentes. C'est ainsi qu'en 2009, une cellule d'Al-Qaida a pris pour cible une loge stambouliote. Les Frères musulmans, quant à eux, considèrent que l'affiliation maçonnique d'un musulman est passible de mort. Interrogés sur l'initiation de Muhammad Abdûh, ils balaient la question : soit il s'agit d'une mystification de sa part, destinée à leurrer les Occidentaux, dans le cadre de la *taqîya* (« dissimulation »), soit il s'agit d'une invention de ces derniers et des juifs qui visent à le discréditer.

7

Les opératifs ont-ils été bannis des loges maçonniques au siècle des Lumières ?

Dans la quête des origines maçonniques, les chantiers des cathédrales médiévales tiennent une place essentielle. Ils participent de l'invention de la tradition de l'Art Royal. Le flou documentaire autorise toutes les interprétations et l'établissement de généalogies mythiques. En 1782, l'abbé Grandidier publie *Essais historiques et topographiques sur la cathédrale de Strasbourg,* où il voit dans la réunion des bâtisseurs médiévaux l'origine de la maçonnerie spéculative : « Le même nom de loge pour signifier le lieu d'assemblée ; le même ordre dans leur distribution ; la même division en maîtres, compagnons et apprentis. Les uns et les autres sont présidés par un grand-maître, ils ont également des signes particuliers, des lois secrètes, des statuts contre les profanes. Enfin ils peuvent dire les uns et les autres : mes frères et mes compagnons me reconnaissent pour maçon[1]. »

Grandidier poursuit en soulignant le fait que la loge des maçons de Strasbourg présente cet avantage sur la franc-maçonnerie moderne que les historiens et antiquaires peuvent se plonger dans ses archives plutôt que de faire fond sur ses prétentions mythiques : « Mais nos maçons de Strasbourg, malgré l'obscurité de leur travail, prouvent leur état et leur origine par des titres anciens et authentiques. Je défie les francs-maçons français, anglais, allemands, écossais, ceux mêmes qui sont parvenus aux grades de parfait maçon élu, [...] de Chevalier de l'épée et de Noachite – longue énumération de hauts grades maçonniques alors pratiqués – de pouvoir prouver autant malgré Hiram et le temple de Salomon... malgré Phaleg et la tour de Babel. Je crois même que la tour de Strasbourg est un monument plus sensible et plus vrai que les colonnes d'airain de Jakin et de Boaz. »

Préjugés contre les « mécaniques »

Mais les francs-maçons sont loin d'adopter majoritairement les thèses de l'abbé Grandidier, car au XVIIIe siècle, la distinction est synonyme d'*otium*, de

1. Grandidier, *Essai historique et topographique sur la cathédrale de Strasbourg*, Strasbourg, 1782, p. 427.

loisir aristocratique, tandis que les « mécaniques », qui travaillent à la sueur de leur front, sont, quant à eux, qualifiés de « vils » et déconsidérés. Ceux qui, parmi la bourgeoisie, espèrent pour eux ou pour leurs enfants accéder à la noblesse cherchent à s'en séparer le plus possible.

Si elle se réclame de Salomon et d'Hiram, la franc-maçonnerie dite « spéculative » procède à de généreux emprunts symboliques aux outils des opératifs, pour ne pas dire qu'elle fait main basse sur eux. À l'inverse, elle a le plus grand mal à accepter sur ses colonnes, entre l'équerre et le compas, les candidats qui seraient issus des corporations. C'est tout particulièrement vrai avec la naissance du Grand Orient de France en 1771-1773 et la volonté de son administrateur général, Anne-Sigismond-Charles duc de Montmorency-Luxembourg (1737-1803), d'opérer une révolution dans le corps maçonnique, qui lui permet de se débarrasser de nombre de vieux maîtres de loge parisiens issus des strates intermédiaires du tiers état peu reluisantes du point de vue d'un Art qui se veut royal. En 1777, lors de la fête de Saint-Jean-Baptiste – solstice d'été –, moment solennel s'il en est, le grand orateur du Grand Orient, Bacon de la Chevalerie, rappelle, en présence du grand maître, que « l'exclusion de nos mystères a été prononcée contre tous ceux qui dans les arts et métiers ne seraient pas maîtres. En écartant une classe d'hommes purement mercenaires, le Grand

Orient réunissait à ses vues particulières celles du gouvernement politique de la nation et l'avantage même des ouvriers : ceux-ci, privés d'un sujet de distraction et de dépense, pourront, en donnant plus de temps aux travaux de leur art, accroître leur subsistance journalière ».

Lorsque des loges interrogent le Grand Orient, les correspondances échangées permettent à la direction de l'ordre de préciser la règle et éventuellement son interprétation. Ainsi, *La Fidélité* à Lectoure se voit répondre, à propos de la candidature rejetée de deux frères, qu'« il est nécessaire que nous sachions si votre opposition a pour unique motif la qualité d'artiste, et quelle idée vous attachez à ce mot dans votre province. À Paris, un artiste est un homme d'un état libre, et presque toujours très considéré : un peintre, un graveur, un architecte sont des artistes, et il y a une très grande différence entre un artiste et un artisan ». L'enjeu est essentiel. Aux artisans qui tutoient les arts « mécaniques » dont l'indépendance n'est jamais assurée, s'opposent les arts « libéraux » et ceux qui les pratiquent, qu'on qualifiera d'artistes. Ici encore, la franc-maçonnerie fait écho aux débats du temps, car ce qui est en jeu, c'est la question de l'indépendance, sans quoi il n'y a pas de « citoyenneté » maçonnique ou politique.

La question de la dépendance

L'article 3 des *Constitutions* de 1723, dites d'Anderson, pose en effet que « les personnes admises membres d'une loge doivent être hommes de bien et loyaux, nés libres et d'âge mûr et discrets, ni esclaves, ni femmes, ni hommes immoraux et scandaleux, mais de bonne réputation ». Il embrasse donc toutes les caractéristiques de l'indépendance qui la rendent respectable – tout atelier est d'ailleurs qualifié dans sa titulature de « Très Respectable Loge » : il faut être un homme majeur, « libre et de bonnes mœurs ». C'est pour cette double raison que les acteurs sont rejetés : ils ne pratiquent pas le théâtre en amateur, mais en vivent – ils sont donc dépendants du public et des contrats signés avec un entrepreneur de loisirs ou un directeur de théâtre.

L'interdiction initiale de 1723 s'applique bien sûr aux mineurs, aux femmes et aux esclaves. Mais la question se pose pour les domestiques. Peuvent-ils accompagner leurs maîtres sur les colonnes ? Servir la loge, notamment pendant les agapes ? Dans le même temps, il est inconcevable qu'ils puissent être considérés comme des pairs et des frères. C'est ici que la catégorie de « frères servants » a toute son importance. Ils peuvent être apprentis, voire compagnons, pour entrer dans le temple et vaquer à leur office, mais ils n'accèdent pas à la maîtrise. Ils se distinguent des « frères à talent », dont les capacités spécifiques, pour la décoration ou la musique par exemple, et reconnues, leur valent de pouvoir accéder à la maîtrise, sous condition, car le fait qu'ils puissent être rémunérés ou défrayés par la loge pose la question de l'indépendance financière.

La bourgeoisie patriote, qui est à la manœuvre lors de la rédaction de la Constitution de 1791, fait elle-même face à la question de l'indépendance, qui doit conditionner l'exercice des droits civiques. Elle exclut les femmes, les mineurs, les domestiques, et distingue des citoyens passifs, qui paient moins de trois jours de revenus sous forme d'impôt, des citoyens actifs, qui sont eux-mêmes subdivisés entre citoyens éligibles et non éligibles. C'est bien sûr le suffrage censitaire, mais c'est plus largement, avec un retour marqué à l'Antiquité, une réflexion sur la proportionnalité des droits aux devoirs et sur la nécessaire indépendance du citoyen. La République universelle des francs-maçons a, quant à elle, tranché en amont, dès l'Ancien Régime, en ramenant les bornes sociales de son univers à ceux dont les frères estiment qu'ils sont dignes d'être reconnus comme pairs, et de les rejoindre comme frères sur les colonnes. On comprend dès lors que cette autorisation puisse donner lieu à des interprétations contradictoires.

Des relations complexes avec les compagnonnages

L'Art Royal est fondamentalement un art de la mémoire qui privilégie l'architecture et son interprétation symbolique. Pour ce faire, il s'est saisi des outils des opératifs et appelle ses membres à s'activer sur le chantier du temple, pour dégrossir et polir la pierre brute. De leur côté, les compagnons du Devoir font le chemin inverse. Si la référence à Salomon est rare dans leurs rangs avant le XIXe siècle, ils se dotent progressivement d'une lecture symbolique et initiatique de leur corpus de référence : les devoirs deviennent le Devoir, les règles la Règle, des figures emblématiques se renforcent comme le « Père Soubise » et « Maître Jacques ». Dès lors, la rencontre entre les deux formes d'agrégation des pairs et de sociabilité peut tourner à la concurrence symbolique. C'est précisément ce qui se produit au XIXe siècle. Les compagnons vivent mal la captation d'héritage par des francs-maçons qui, dans le même temps, accordent, avec des degrés d'expression inégaux, une supériorité au spéculatif sur l'opératif. En 1801, *Le Régulateur du Maçon* reprend le rituel du grade d'apprenti adopté par le Grand Orient de France le 15 juillet 1785 : « Jamais on n'admettra les ouvriers dénommés *compagnons* dans les arts et métiers. » C'est bien qu'à l'époque du livret ouvrier – mis en place en 1803 –, les compagnonnages inquiètent. Leur mobilité, qui est dans l'essence même de leur conception du travail opératif, est perçue comme un nomadisme dangereux, fauteur de troubles et de désordre. Le livret ouvrier a pour but de contrôler ces déplacements. À l'inverse, les francs-maçons « voyagent », c'est-à-dire qu'ils visitent des ateliers, où ils sont régulièrement admis, où les mots de semestre leur sont demandés, et où ils sont précédés de recommandations fraternelles. Ils présentent également des certificats qui tiennent lieu de passeports maçonniques. Ils s'interdisent surtout de prendre part aux débats politiques – ce qui changera au cours du XIXe siècle, d'abord pour la frange libérale de l'ordre, puis pour les républicains. Il est donc impératif pour la franc-maçonnerie, à l'époque où les coalitions ouvrières sont suspectes – elles ont été interdites et durement réprimées dès 1791 par la bourgeoisie patriote –, de se démarquer le plus possible des compagnonnages et de les disqualifier sur le plan des valeurs. Elle se sent d'autant plus légitime à le faire qu'au XIXe siècle, les compagnonnages empruntent massivement des formes rituéliques et des symboles à la franc-maçonnerie quand ils décident de forger leur tradition. Mais, dans le même temps, elle oublie volontairement de se souvenir que les francs-maçons de la fin du XVIIe siècle et du XVIIIe siècle ont amplement puisé leurs ressources symboliques… dans le corpus des métiers. En résultent à la fois des appartenances individuelles doubles dont on ne saurait nier l'existence, et un sentiment de malaise partagé par les deux parties, et d'incontestables tensions entre « institutions », chacune tenant à revendiquer son pré carré et à le protéger des tentatives d'intrusion symbolique de l'autre.

Une figure comme celle d'Agricol Perdiguier (1805-1875), menuisier, compagnon du tour de France dit « Avignonnais la Vertu », est intéressante parce qu'il fixe la tradition du compagnonnage par écrit à la fois dans le *Livre du compagnonnage* (1839) et dans ses *Mémoires d'un compagnon* (1854-1855). On lui doit ainsi l'intégration d'un corpus de références partagées... et disputées avec la franc-maçonnerie, comme la figure de Salomon. Entre-temps, il a été reçu franc-maçon à la fin de la Monarchie de Juillet, le 17 mars 1846, à Paris, par la loge *Les Hospitaliers de la Palestine*, qui relève du Suprême Conseil de France. Aujourd'hui encore, si les doubles appartenances individuelles existent, la méfiance ès qualités des fédérations compagnonniques à l'endroit de la franc-maçonnerie perdure souvent.

8

Les francs-maçons festoient-ils en loge ?

Au risque de l'intempérance

En 1738, le graveur anglais William Hogarth (1697-1764) fait paraître *La Nuit*. Sur cette gravure célèbre, on voit le Vénérable de la loge *Hand and Apple Tree* – à laquelle Hogarth appartient lui-même depuis novembre 1725 –, déambuler dans les rues de Londres, soutenu par le frère couvreur – frère chargé de protéger (couvrir) le temple en s'assurant que ceux qui en demandent l'entrée connaissent le mot de semestre et les signes de reconnaissance attachés à leur grade. Leurs qualités et fonctions maçonniques au sein de la loge sont aisément reconnaissables. Après des agapes manifestement arrosées, les deux frères ont en effet oublié de retirer leurs tabliers, sautoirs et bijoux maçonniques. Ils réveillent le voisinage, qui, furieux, ouvre les fenêtres et verse sur les fêtards passablement ivres le contenu de pots de chambre. Le risque d'être reconnu est manifeste.

Hogarth n'a pas choisi la scène au hasard. Les deux frères sortent en effet de la célébration de l'anniversaire de la restauration de Charles II Stuart (1630-1685, règne 1660-1685), le 29 mai 1660, et ils sont clairement identifiables. Le vénérable est Thomas de Veil, juge de paix, magistrat sévère mais peu porté sur la tempérance quand il s'agit de l'appliquer à lui-même. Hogarth ne le porte pas particulièrement dans son cœur. Quant au frère couvreur, il n'est autre que Andrew Montgomery, grand officier de la Grande Loge. La scène est-elle représentative des agapes maçonniques ? On pourrait le croire, si l'on songe que dans les mêmes années, les premières profanations des temples parisiens (1737-1744), lors de descentes de police, sont elles aussi liées à des tenues maçonniques bruyantes organisées dans les arrière-salles de traiteurs.

Pour autant, si Hogarth se moque avec talent de ses frères, il faut prendre la scène au sérieux pour plusieurs raisons. Tout d'abord, la gravure appartient à une série, *The Four Times of Day*, « les quatre temps du jour », et c'est bien à la nuit que renvoient les agapes. Les frères l'investissent pour se retrouver dans l'entre-soi, à l'abri du voyeurisme profane, mais la nuit met aussi les frères à l'épreuve de la tempérance. Comment distinguer les agapes fraternelles des soupers des salons ou des banquets profanes ? Comment se récréer sans oublier que la franc-maçonnerie est un ordre ? Les femmes peuvent-elles participer aux tenues de table comme aux assemblées maçonniques, sans changer la nature de la fraternité maçonnique, alors qu'on aimerait limiter leur présence à un « ornement des banquets » ?

L'*agapè* désigne traditionnellement l'affection, l'amitié qui unit les premiers chrétiens autour d'un repas fraternel. La franc-maçonnerie moderne n'a donc pas inventé les agapes, mais a parfaitement compris qu'il n'y avait pas de sociabilité chaleureuse ou fraternelle sans les liens noués autour de la table. Pour ce faire, il lui a suffi d'observer le succès rencontré par des ordres ou sociétés – qualifiés parfois de proto- ou de péri-maçonniques –, comme l'ordre de la Jubilation en Hollande au début des années 1710, soit une décennie avant l'introduction de l'Art Royal dans le même espace. On trouve, en effet, ce serment dans les *Registres du Chapitre Général des chevaliers de la Jubilation* : « Nous les Chevaliers de la Jubilation, à tous ceux qui ces présentes lettres verront, Salut, joie, santé, pigeons, poulets, poulardes, chapons, perdrix, faisans, bécasses, langues fourrées, jambon ; *bonum vinum* – du bon vin – […] Ledit chevalier […] s'étant engagé par un vœu solennel à observer perpétuellement les Statuts et les Règlements de notre ordre, qui sont d'être toujours gaillard, à badiner, à folâtrer, à batifoler, etc., et à vivre sans amour clandestin, ni matrimonial, l'amour étant l'antipode de la joie et le mariage le tombeau des ris et des jeux. » Le document montre qu'il ne s'agit pas seulement de festoyer, de boire et de manger sans limite. Il fait le lien entre la table et les valeurs des chevaliers de la Jubilation, qui s'affranchissent alors des normes morales et religieuses. Certains d'entre eux comme John Toland (1670-1722) sont des *free-thinkers*, des libertins au sens que le terme a au XVIIe siècle de contestataire de l'ordre moral établi. Le serment scelle la fraternité des convives et leur désir de pratiquer un entre-soi libertin. Des dizaines de Sociétés badines, bachiques, littéraires et chantantes, selon l'expression d'Arthur Dinaux, ont existé sur ce mode avant que la franc-maçonnerie ne commence son aventure européenne.

Tenir loge en « salle humide »

Très tôt, un écrit apologétique, *Le Parfait Maçon* (1744), insiste dans une section intitulée « Le repas des Maçons » sur le caractère propre aux agapes fraternelles : « Les francs-maçons ne connaissent dans leurs festins ni l'intempérance, ni les excès ; leur conversation ordinaire roule sur les avantages de la confraternité ou sur des choses absolument indifférentes ; ils observent surtout un silence respectueux sur toutes les matières de religion et de l'État, et ne sont pas moins attentifs à bannir de leurs entretiens toutes paroles méfiantes ou dissolues. [...] Quant à certains vides qu'il n'est pas possible d'éviter, ils se trouvent remplis, ou par l'exercice des santés qu'on boit, ou par le chant des hymnes et cantiques de la confrérie. Ainsi on peut dire qu'ils passent agréablement quelques heures dans l'oubli de tous les autres hommes, mais non d'eux-mêmes. »

Comme en écho, l'un des tout premiers livres maçonniques, *Chansons notées de la très Vénérable Confrérie des Maçons libres*, paraît dès 1737. On le doit à Jacques Christophe Naudot (1690 ?-1762), célèbre flûtiste, maître de musique, compositeur. Une seconde édition, dédiée au comte de Clermont, grand maître, est publiée en 1744, année particulièrement riche en fondations de loges et en parutions maçonniques. Le durable succès de ce recueil témoigne du besoin d'un répertoire maçonnique pour les tenues de table, mais aussi parallèlement du continuum qui existe entre la tenue dans le temple et les agapes, ainsi que de l'importance des chansons de table, de la musique jouée par les frères à talent et les amateurs de la loge, des repas fraternels pour offrir aux frères un moment de sociabilité fraternelle réussi.

Symboliquement, la loge se retrouve en « salle humide » en tenue de table – ce n'est donc pas un banquet ordinaire –, qui suit un rituel bien spécifique, que *Le Secret des francs-maçons* de Gabriel-Louis Pérau (1744) s'empresse de dévoiler aux profanes. Le lien maçonnique ne s'y relâche pas ; bien au contraire, il s'y renforce. Bien sûr, les tavernes londoniennes ou les traiteurs parisiens ont accueilli les premières loges, et dans les deux cas, le risque d'être dévoilé par les profanes n'est pas qu'un mythe, d'autant que les traiteurs accueillent parfois en même temps des sociétés bachiques aussi bruyantes que la Société du caveau, connue pour son caractère festif. On chante à Paris : « Ce sont de fort jolis garçons/ Qui ne s'unissent que pour boire/ Là se réduit tout le grimoire/ Des francs-maçons », et quand Hogarth pointe le risque d'être reconnu par les voisins de la loge, les descentes de police chez les traiteurs parisiens Chapelot, quai de la Rapée, Moret, Ozouf ou Leroy sont tout aussi éclairantes. Elles font certes le bonheur des historiens, qui sans ces perquisitions auraient été privés d'archives précieuses pour une période précoce, mais elles « profanent » les loges. Lors de l'une d'elles, c'est le secrétaire d'État à la Maison du roi lui-même qui sort l'épée à la main, pour faire rebrousser chemin aux policiers. On comprend leur embarras lorsqu'ils doivent rédiger leur rapport.

L'empreinte de ces espaces pionniers dans l'histoire maçonnique est restée : à l'hôtel parisien du Grand Orient de France, rue Cadet, le restaurant a pris pour nom *L'oie et le gril*, en souvenir de la taverne *The Goose and the Gridiron*, une des quatre loges dont la réunion en 1717 donne naissance à la Grande Loge de Londres. Et là aussi, Paris a suivi de près Londres, puisque l'établissement du traiteur Huré, sis rue des Boucheries, dans le quartier Saint-Germain, a accueilli en 1725 la première loge de la capitale française, *Saint-Thomas au Louis d'Argent*.

Dans tous les cas, on a connu société plus discrète, et l'on comprend mieux pourquoi, en 1755, les *Statuts généraux* de la Grande Loge de Paris insistent sur la manière dont les officiers de loge doivent veiller au bon déroulement des agapes : « Il est expressément recommandé au Maître de faire observer un profond silence pendant la Loge de Table, de punir les contrevenants [...]. Rien n'imitant mieux la Tour de Babel qu'une loge mal gouvernée ou des Frères qui n'obéissent pas. » Au grand regret de certains ateliers comme la *Triple Union,* de Reims, qui lui répond : « Dans les loges de province peu nombreuses, le Silence rigoureux à table est-il absolument commandé ? [...] Les frères en silence continuel s'ennuieraient à coup sûr et se dégoûteraient. »

Agapes, dîners et banquets témoignent aussi des limites de la fraternité, ce qu'un gazetin d'avril 1737 n'a pas manqué de relever à propos du premier gentilhomme de la Chambre du roi – depuis 1723 – et vénérable de la loge de Bussy-Aumont : « M. le duc d'Aumont a donné il y a quelques jours chez lui un grand dîner comme Maître de Loges, mais il n'y invita aucun du tiers état et n'avait que de la noblesse, ce qui a fort fâché et mortifié les autres. »

Éviter les débordements

En 1787, le successeur de la Grande Loge, le Grand Orient rappelle qu'« il est défendu aux loges de tenir leurs assemblées dans des auberges ou d'autres lieux publics », illustrant à la fois l'importance du sujet et aussi les difficultés des francs-maçons à se plier aux injonctions émanant des obédiences.

Progressivement cependant, les frères qui le peuvent préfèrent des lieux de réunion plus discrets, car il n'est, bien sûr, pas question de renoncer aux plaisirs de la table. Pour encadrer les agapes, des rituels de table sont progressivement élaborés avec une symbolique propre. On en connaît même pour les loges d'adoption, sociétés mixtes où frères et sœurs se retrouvent entre l'équerre et le compas. Françoise Moreillon observe ainsi qu'au sein de *La Triple Union*, loge cévenole établie à Sauve, les « verres sont des lampes que l'on souffle, le vin est de l'huile rouge, l'eau de l'huile blanche, le pain de la manne, les mets des parfums et les lumières des étoiles ». Les santés sont également encadrées pour être portées selon les formes accoutumées : le « canon » (le verre) est chargé, c'est-à-dire rempli, pour tirer à coup de « poudre forte » (vin) ou de « poudre fulminante » (liqueur). Leur ordre est soigneusement arrêté afin de respecter la hiérarchie des valeurs dans la société d'Ancien Régime, comme au sein de l'obédience et de la loge.

Une fois la régularité de la loge de table garantie, les membres de l'atelier peuvent célébrer ce temps de réjouissance. L'exemple vient de loin. Le frère Vincent La Chapelle (1690 ?-1745) est l'auteur d'un best-seller : *Le cuisinier moderne, qui apprend à donner toutes sortes de repas*. Il a brillé comme cuisinier de l'ambassadeur d'Angleterre à La Haye, lord Stanhope, comte de Chesterfield, et lorsqu'une délégation de la Grande Loge de Londres, emmenée par Jean Théophile Désaguliers et la crème de l'aristocratie britannique, vient recevoir dans l'ordre maçonnique François-Étienne de Lorraine (1708-1765), époux de Marie-Thérèse, futur empereur du Saint Empire romain germanique sous le nom de François Ier (1745-1765), Vincent La Chapelle œuvre à la réussite de ce grand jour. C'est qu'il n'est pas seulement maître de cuisine, il est aussi vénérable d'une loge hollandaise. On est donc loin du traiteur louant son établissement pour les tenues d'un atelier. Les recueils de poèmes et de chansons maçonniques concourent à la réussite des agapes, et La Chapelle se fait ici aussi remarquer en publiant dès 1735 : *Chansons de la très vénérable confrérie des Maçons libres aux dépens du Sr Vincent La Chapelle, maître de loge.*

La Lire Maçonne des frères de Vignoles et du Bois se taille également un franc succès à partir des années 1760. L'association entre les arts de la table, l'Art Royal et les arts lyriques pratiqués en amateur et en bon vivant est donc précoce… et durable.

À table

La loge poursuit ses travaux qualifiés de « masticatoires » en loge de table. Les menus dépendent, bien évidemment, des moyens financiers de la loge et des contributions de ses membres. On débute traditionnellement par des « oilles », c'est-à-dire des soupes et potages, suivis de hors-d'œuvre et d'entrées comme les filets de perdreau sautés aux truffes, les petits pigeons aux truffes entières, le foie gras en matelote ou les noix de veau glacées sauce au persil. Viennent les rôts, c'est-à-dire les viandes rôties. Les cuisses de dinde ont beaucoup de succès, mais les pièces de venaison, pourtant critiquées pour leur corruption et les sauces épicées qui la masquent, sont encore particulièrement goûtées. Entremets chauds et froids sont également indispensables. On n'imagine pas les frères boire seulement de l'eau lors des agapes. Le vin est le plus souvent conservé en barriques, même si avec le développement des arts du feu et du verre, la bouteille se développe. Philibert-Valentin Bertin du Rocheret (1693-1762), magistrat à Épernay, initié en 1737 dans un des premiers ateliers maçonniques du royaume de France, la loge de *Bussy-Aumont* à Paris, est connu pour collectionner les écrits maçonniques et polémiques du temps. Mais il est aussi propriétaire de vignes et d'un pressoir, et il fournit en vin de Champagne les tables des ducs et pairs qui président alors aux destinées de la franc-maçonnerie parisienne ainsi que leurs loges. Il expédie sa production jusqu'en Angleterre. Il participe activement à une forme de sociabilité mixte alors prospère, l'ordre mixte de la Félicité, qui voisine et préfigure la maçonnerie des Dames.

Progressivement, l'habitude se prend d'écrire ou d'imprimer les menus sur du papier coupé en triangle, on utilise encore l'expression « payer son triangle ». Le coût pour les ateliers est élevé, d'autant qu'ils organisent aussi des pique-niques, qui sont soit réservés aux membres des ateliers, mais peuvent être ouverts aux membres des familles – les repas des familles existent toujours –, voire donner lieu à des invitations de profanes amis. Dans tous les cas, les francs-maçons qui ont lancé l'invitation sont tenus de payer pour leurs invités, car les loges ne peuvent tenir table ouverte, alors que cette pratique est courante dans les formes de sociabilité aristocratique et mondaine : « Des frères de notre Loge menaient des frères visiteurs aux Banquets, ce qui épuise le Trésor ; la Loge là-dessus décide que les frères qui emmèneront des convives pour les banquets de pic-ni-que [*sic*], paieront pour eux », décide ainsi l'*Anglaise* de Bordeaux le 6 septembre 1759.

Pour que les agapes soient à la hauteur des attentes des frères qui travaillent à l'Art Royal, les manufactures de porcelaine et de faïence sont particulièrement sollicitées, ce qui fait aujourd'hui la joie des collectionneurs et des musées maçonniques. En Languedoc, le marquis de Villeneuve commande un service de plus de cent pièces. Le programme iconographique reprend souvent les titres distinctifs des loges, mais il met aussi en scène les valeurs qui s'expriment lors des agapes. On pense, par exemple, à la gourde du musée de la Franc-maçonnerie à Paris intitulée *Les Deux Frères*, dont l'amitié s'inscrit entre l'équerre et le compas.

Des agapes fraternelles aux banquets républicains

Au XVIIIe siècle, il est strictement interdit aux loges de discuter de politique. Les santés sont donc tirées en l'honneur du souverain, des membres de la famille royale, du Grand Maître et des frères dispersés sur les deux hémisphères. Des banquets spécifiques sont organisés à l'occasion de grands événements, comme le retour de la paix ou la naissance d'un Dauphin. Mais les loges fêtent aussi le retour d'exil des parlements – cours de justice dont les magistrats sont exilés par décision royale sous

Louis XV et Louis XVI –, ce qui montre que la barrière avec l'espace profane n'est pas hermétique. Au XIXe siècle, avec la montée d'un libéralisme politique hostile à la réaction de l'après-1815, puis avec le développement d'une avant-garde républicaine opposée au conservatisme politique du Grand Orient, certaines loges peuvent avoir tendance à se rapprocher des banquets républicains, voire à y participer ès qualités, au risque de se voir à la fois réprimandées par l'obédience et menacées de dissolution par les autorités. Cette porosité entre les agapes fraternelles et les banquets républicains fait débat.

Au XXIe siècle, il est significatif que les francs-maçons se sentent encore obligés, lorsqu'ils sont eux-mêmes à l'origine de banquets républicains, d'en préciser les contours et la signification pour éviter l'amalgame. On lit ainsi dans un article intitulé « Francs-maçons. Un banquet républicain sur la laïcité », paru dans *Le Télégramme de Brest*, en date du 30 novembre 2012 : « La première édition du banquet républicain avait réuni une centaine de convives l'an dernier. […] Les maçons de la Grande Loge de France, de la Grande Loge féminine de France et du Droit Humain sont, également, impliqués dans cet acte militant en faveur de la laïcité. […] Toutefois, le banquet républicain n'est absolument pas une réunion politique, ni une action promotionnelle de la franc-maçonnerie. Il s'adresse à "tous les citoyens attachés aux valeurs de la République" et promet de rester "bon enfant". La lecture de textes relatifs à la laïcité mais aussi des intermèdes de musique ou de théâtre et, à l'heure du café, peut-être quelques chants, feront de ce banquet un moment de convivialité. »

L'exercice est périlleux, car il se veut militant sur le plan républicain tout en évitant de prêter le flanc à la critique en confondant les genres et les espaces. Les agapes fraternelles sont donc bien un enjeu majeur de la sociabilité maçonnique et de sa capacité à répondre aux attentes de ses membres, dans un contexte social et politique changeant. Dans le champ des obédiences régulières, des banquets sont également organisés hors des temples, ainsi au Queen's College de l'université de Cambridge le 23 septembre 2023, à l'occasion du tricentenaire des *Constitutions* de 1723, à l'initiative de la loge de recherches de la Grande Loge Unie d'Angleterre, *Ars Quatuor Coronati*. Se distinguant des agapes fraternelles, ce banquet est, comme dans la franc-maçonnerie libérale ou adogmatique, ouvert aux profanes. Il est l'occasion de porter des santés, mais on y dit les grâces avant de se restaurer. L'ensemble de la manifestation est intitulé : « *Inventing the Future : the 1723* Constitutions » (« Inventer le futur, les *Constitutions* de 1723 »). La table, les manières de table mais aussi le cadre en disent donc long sur les attentes des francs-maçons et sur leur conception de la franc-maçonnerie, hier comme aujourd'hui.

9

La franc-maçonnerie des Lumières s'est-elle ouverte aux femmes ?

Le 31 mai 1748, quelques semaines avant de lancer son périodique *La Spectatrice danoise, ou l'Aspasie moderne*, le journaliste huguenot Laurent Angliviel de La Beaumelle (1726-1773) écrit à son frère Jean Angliviel, alors à Toulouse : « Dites-moi ce que c'est que cette loge de l'adoption pour des dames. Si on les initie aux mystères, ce ne peuvent être que des traîtres. Si on les admet simplement au repas, c'est une irrégularité inexcusable. La société des maçons est parfaite. On ne peut rien ajouter, rien retrancher à leurs signes et à leurs secrets, comme on ne pourra jamais les découvrir. » Les *Constitutions* de 1723 n'excluent-elles pas les femmes du temple au même titre que tous ceux qui ne sont pas nés libres ?

Trois siècles plus tard, cela demeure la norme au sein de la maçonnerie régulière ; et même au sein de la maçonnerie libérale, l'ouverture aux femmes est loin de faire l'unanimité. Le Grand Orient de France a, par exemple, attendu le convent de 2010 pour devenir une obédience mixte avec le vote, à une faible majorité, d'une disposition dont la formulation même prouve l'importance des réticences internes : « Ne peut plus être refusé qui que ce soit dans l'obédience pour quelque discrimination que ce soit, y compris de sexe. ». Jusqu'ici, le Grand Orient autorisait les franc-maçonnes reçues dans d'autres obédiences reconnues par lui à visiter ses loges, mais ces dernières ne pouvaient pas initier de femmes profanes. Consciente des tensions que le passage à la mixité pourrait causer, l'obédience laisse à chaque loge le choix de devenir ou non mixte.

Cette longue et persistante réticence de la franc-maçonnerie à s'ouvrir aux femmes, par-delà le clivage entre obédiences régulières ou libérales, remonte au XVIIIe siècle et interroge le projet maçonnique, lui-même tiraillé entre la volonté de construire un ordre initiatique, où un tropisme chevaleresque s'affirme rapidement, et le désir d'offrir à ses membres un large spectre récréatif caractéristique de la sociabilité des élites du temps, des bals aux concerts et théâtres amateurs où la mixité est la norme. Par ailleurs, la franc-maçonnerie étant particulièrement perméable aux influences du temps, elle est amenée à s'interroger sur la place éventuelle des femmes dans les loges : doivent-elles être confinées aux agapes et aux activités récréatives ? Peuvent-elles participer à l'accomplissement du rite ? Peuvent-elles être soumises aux épreuves initiatiques ? Doivent-elles se réunir et travailler sous la tutelle des frères ou peut-on envisager une tenue que les femmes animeraient seules ? Pour La Beaumelle qui poursuit sa lettre par une ode à « la vertu maçonne ou le temple de la Franche Maçonnerie », la présence féminine en loge risquerait surtout de dissiper les frères :

> L'adorable moitié du monde
> N'a point accès dans ces maisons ;
> Mais ses yeux que le cœur seconde,
> Lui soumettent tous les Maçons.
> Hélas ! L'écueil de la Sagesse
> Est le feu de cette tendresse
> Qu'allument ses divins appâts.
> Qu'elle en soit à jamais bannie !
> Francs-Maçons auprès de Sylvie
> Que vous serviraient vos compas ?

En creux, c'est la place de la femme dans la société du XVIIIe siècle qui est interrogée, d'autant qu'une pression croissante s'exerce pour que les portes du temple s'entrouvrent aux femmes, voire que ces dernières soient admises officiellement. Le Grand Orient de France n'a-t-il pas reconnu en 1774 l'existence de loges d'adoption pour les prendre sous son aile protectrice, avant de faire de la duchesse de Bourbon-Condé, sœur du grand maître duc de Chartres puis d'Orléans, la « Grande Maîtresse de toutes les loges d'adoption » ?

Dans le sillage des sociétés mixtes

La grande historienne Margaret Jacob a mis en évidence la création de la loge *De Juste* par des actrices de la Comédie-Française de La Haye en 1751, ce qui en ferait la première loge féminine connue à ce jour. L'expérience est brève, et surtout, en raison des préjugés sociaux dont souffrent les acteurs et les actrices, elle est tout à fait marginale dans le paysage maçonnique du temps. En revanche, la franc-maçonnerie ne se déploie pas dans un environnement profane vide de formes de sociabilité mixte, bien au contraire. Lorsqu'on trouve des témoignages personnels de francs-maçons dès les années 1730 et 1740, soit très tôt dans l'histoire de l'ordre, il est rare que les ordres de la Méduse, de la Félicité ou des Mopses n'y soient pas évoqués.

Dans la famille normande des Séran, actifs francs-maçons dans la région de Caen et de Falaise dans les années 1740, on s'épanche volontiers dans la correspondance, pour le plus grand bonheur de l'historien, et on l'admet tout à fait : « C'est ainsi qu'il faut être et que l'on est quand on a le cœur fait comme nous. » Après tout, l'âge des Lumières est tout autant l'âge sensible que celui de la raison.

Le 31 décembre 1745, les vœux rimés de François-Gabriel Aimé Dumoustier, sieur de Canchy, lieutenant général du bailliage – haut magistrat – de Caen, à son beau-frère, Louis-François de Séran de Saint-Loup, donnent le ton d'une maçonnerie chaleureuse qui s'insère harmonieusement dans une vie familiale épanouie :

> Frère en Dieu, frère en mariage,
> frère Maçon, frère en félicité[1],
> beaucoup de vœux, peu d'étalage,
> santé, gaieté, prospérité[2].

Les femmes de la famille ne sont pas en reste, et leurs amies cherchent à les rejoindre dans l'ordre de la Félicité. À l'heure où se multiplient les ouvrages de divulgation maçonnique et les apologies de l'ordre, toutes discutent notamment de *L'Antropophile, ou Le secret et les mistères de l'Ordre de la Félicité dévoilés pour le bonheur de tout l'univers*, publié par Jean-Pierre Moët à Arctopolis (Paris) en 1746.

Dans ce contexte, on remarque que les apologies de l'ordre s'adressent souvent aux femmes. Il

1. Allusion à leur commune appartenance à l'ordre de la Félicité évoqué plus loin.

2. Archives départementales du Calvados, 83J – Chartrier familial Séran de la Tour (Saint-Pierre-Canivet).

s'agit des conventions d'écriture du temps, comme lorsqu'un savant distingué décide de vulgariser des leçons de physique en s'adressant fictivement à une noble dame amateure. Mais cela va au-delà. La demande maçonnique s'exprime dans des cercles nobiliaires, où les sociétés mixtes, dont la forme est à la fois badine, bachique, mais aussi chevaleresque, préparent et accompagnent la greffe réussie de l'Art Royal. Pour les défenseurs d'une ouverture de la franc-maçonnerie aux femmes, ne pas répondre à cette demande serait s'exposer à la concurrence d'ordres mixtes comme celui des Mopses, du nom du carlin, petit chien symbole de fidélité, qui en est le symbole, alors en plein développement en Europe continentale. Mais en fait, il s'agit moins de concurrence que de complémentarité dans un espace sociable où la multi-appartenance est la règle. La plupart des membres des Mopses sont aussi francs-maçons, et surtout la franc-maçonnerie aristocratique absorbe rapidement et pacifiquement les Mopses en élargissant son éventail d'activités. Les loges font de même avec le golf dans les îles Britanniques et en Amérique du Nord, ou avec les jeux d'adresse en France.

C'est pourquoi on peut faire remonter au moins aux années 1740 l'existence de tenues d'adoption, donc antérieures à la fondation de la loge *De Juste* à La Haye. On lit, par exemple, dans le plus vieux registre conservé à ce jour d'une loge établie en France, l'*Anglaise* de Bordeaux, aujourd'hui à la

Bibliothèque nationale d'État de Minsk, plusieurs mentions de loges d'adoption en février 1746. Le 10 février, les membres de l'*Anglaise* ont été informés « qu'il y avait des loges de franches-maçonnes dans la ville auxquelles plusieurs francs-maçons assistaient. La loge a délibéré qu'on avertirait les frères des loges respectives conjointement avec la nôtre pour prendre des avis sur les abus qui se glissent dans les assemblées de franches-maçonnes ou autrement dites les sœurs d'adoption ». Cinq jours plus tard, l'*Anglaise* décide de nommer deux commissaires pour enquêter sur « la société de l'adoption ».

En famille

La dimension familiale est essentielle pour comprendre la demande en termes d'assemblées maçonniques mixtes, qui prend la forme de la maçonnerie d'adoption. C'est, en effet, la possibilité de poursuivre en loge une vie de société qui s'épanouit hors du temple. La loge n'a pas besoin d'être systématiquement mixte, il suffit qu'elle puisse ponctuellement ou plus régulièrement organiser des loges – prises ici au sens d'assemblées – d'adoption, ouvertes aux hommes et aux femmes. On y vient en famille, avec des amis proches. Les jeux de séduction n'en sont pas absents bien sûr, mais ils sont contrôlés par la présence de parents, et à leur manière ils constituent un apprentissage de la tempérance et de l'intégration des normes sociales, qui est l'un des aspects majeurs de la franc-maçonnerie du XVIIIe siècle, qui se veut une école de tempérance.

Dans le dernier quart du XVIIIe siècle, d'autres témoignages montrent que cette pratique des loges d'adoption est fréquente. Elles permettent aux membres et à leurs invités d'organiser, après les tenues ou en marge d'elles, des bals, du théâtre et de la musique amateur, et de délocaliser ces rencontres hors du temple dans leurs habitations ou résidences d'agrément. Pour autant, la tenue maçonnique n'est pas qu'un prétexte, elle suppose sur le plan rituel de réfléchir à la place des femmes, à la manière de les intégrer sur les colonnes. C'est pourquoi l'obédience ne peut pas ne pas se saisir de la question, d'autant que la pratique de la maçonnerie d'adoption concerne directement les élites aristocratiques qui la président.

Né en 1773, le Grand Orient de France décide donc dès 1774 de reconnaître et surtout d'encadrer les loges d'adoption. Les articles 11 et 12 des *Règlements* qu'on retrouve insérés dans *La Maçonnerie des dames* (1775) sont intéressants, car ils montrent que le principe même d'une véritable initiation des femmes, qui suppose l'organisation d'épreuves symboliques et physiques, pose problème. En effet, lors de ces épreuves, le futur apprenti a non seulement les yeux bandés, mais il doit ouvrir sa chemise pour offrir sa poitrine aux épées de ceux qui le protégeront si, une fois reçu dans l'ordre, il respecte son serment, mais lui feront regretter sa traîtrise s'il se parjure. Partiellement déchaussé, son déplacement dans le temple est encore heurté, chaotique, avant qu'il n'adopte, lors de son instruction au grade d'apprenti, le pas réglé de l'initié qui s'est mis à l'ordre.

> Aucune femme ou veuve ne pourra être reçue sous quelque prétexte que ce puisse être, si elle a le moindre soupçon de grossesse (article 11).
>
> Aucune femme, veuve ou fille, ne pourra pareillement être reçue, sous quelque prétexte que ce soit, dans un temps critique, et le jour de sa réception sera éloigné au moins de quatre jours de celui où elle aura cessé d'avoir ses règles et au moins de huit de celui qu'elle comptera qu'elles pourront lui reprendre (article 12).

Le discours de Bacon de la Chevalerie, orateur de l'obédience, est particulièrement intéressant, car il cherche à légitimer la décision de l'ordre en mobilisant les traditions antiques.

> En 1774, le Grand Orient a cru devoir prendre, sous son gouvernement, les Loges d'Adoption [...]. Les prêtres d'Isis et d'Osiris ont admis leurs femmes et leurs filles aux mystères impénétrables et terribles de l'initiation. Les Grecs ont eu leurs

> Sybilles, les Romains, leurs Vestales, dans tous les ordres de la vie civile, l'Europe chrétienne a produit des héroïnes. Et pourquoi les maçons de France qui sont pères, époux, fils et frères ne feraient-ils participer à l'esprit d'ordre d'égalité, de bienfaisance qui fait la base des principes moraux de l'Art Royal, la moitié la plus belle, la plus intéressante et la plus sensible de la société humaine[3] ?

De son côté, Louis Guillemain de Saint-Victor fait paraître en 1779 *Le Manuel des franches-maçonnes ou la vraie maçonnerie d'Adoption*, qui connaît un extraordinaire succès d'édition, avec une édition par an de 1779 à 1786 et six en 1787. La franc-maçonnerie d'adoption se structure donc. Mais cet encadrement des loges d'adoption ne fait pas pour autant taire les critiques. Elles émanent traditionnellement de ceux qui pensent que le sexe féminin est incapable de garder un secret. Celui-ci serait fondamentalement mû par la curiosité. Dans un livre qui a connu un grand succès, *Recherches sur les initiations anciennes et modernes*, paru la même année que *Le Manuel des franches-maçonnes*, l'abbé Robin, lui-même franc-maçon, s'en prend directement aux arguments de Bacon de la Chevalerie : « Où cet orateur de la maçonnerie de France a-t-il pris que les femmes furent admises aux mystères d'Isis et d'Osiris ? Hérodote

3. *État du Grand Orient*, tome I, 4e partie, 1777, p. 5.

dit expressément qu'elles ne furent jamais admises à aucuns Mystères de l'Égypte. »

Des critiques sont également formulées par les membres de loges moins relevées socialement. Ainsi, à Strasbourg, l'*Amitié* dénonce la *Candeur*, principale loge de la métropole alsacienne : « Au lieu de s'occuper des travaux de l'Art Royal, ils tiennent des loges de femmes, donnent des bals et jouent la comédie dans leur loge. » Autrement dit, la maçonnerie des Dames, selon l'expression du temps, serait une corruption de l'Art Royal et un grand pas vers sa profanation. La franc-maçonnerie doit rester un ordre masculin.

Malgré les réticences, la diffusion de la maçonnerie d'adoption en Europe continentale est une réalité. Elle va de pair avec le succès d'une maçonnerie de société aristocratique, souvent francophone, adepte de hauts grades et de scénographies fastueuses, mais aussi désireuse de cultiver un entre-soi mondain. On en a de nombreux témoignages en Pologne ou en Russie. Par ailleurs, les loges d'adoption françaises sont fréquemment visitées par des frères et des sœurs venus d'Europe centrale ou orientale, ce qui favorise ensuite l'ouverture de nouveaux ateliers.

10

Casanova a-t-il abusé les francs-maçons ?

Dans *Histoire de ma vie,* Giacomo Girolamo Casanova (1725-1798) ne fait pas mystère de sa qualité de franc-maçon. Sa première mention de la maçonnerie date de 1749 quand, encore profane, il visite à Mantoue le cabinet de curiosités d'Antonio de Capitani qui tient sous clé « l'attirail de la franc-maçonnerie ». Mais l'année suivante, alors qu'il part faire fortune – du moins, le croit-il –, à la fois sentimentale, mondaine, littéraire et financière, à Paris, il fait étape à Lyon et, à cette occasion, est reçu dans l'ordre : « Un respectable personnage que j'ai connu chez Monsieur de Rochebaron[1] me crut digne, comme il me dit, de voir la lumière. Cela veut dire qu'il me présenta à la loge, d'où je suis sorti framma-

1. François de La Rochefoucauld marquis de Rochebaron (vers 1677-1766), lieutenant-général.

çon [*sic*][2]. » Cette franc-maçonnerie du voyage et de la mobilité accompagne Casanova toute sa vie. Arrivé à Paris, Casanova poursuit son chemin vers la lumière, mais choisit clairement une loge puissante, celle de Louis de Bourbon-Condé (1709-1771), comte de Clermont et grand maître de la Grande Loge de France, pour devenir compagnon, puis maître. Il n'oublie pas les plaisirs de la chair en compagnie du cardinal Branciforte, envoyé par le pape Benoît XIV à Versailles à l'occasion de la naissance de Louis-Joseph-Xavier François, duc de Bourgogne, le 13 septembre 1751. Ils ont « été ensemble en loge de maçons » et font « des soupers fins en compagnie de jolies filles ». Or, quelques mois plus tôt, en mai 1751, le même pape a confirmé l'excommunication des francs-maçons en fulminant la bulle *Providas romanorum*, à la grande déception des frères qui le considéraient comme plus favorable, voire même parfois comme franc-maçon lui-même. Pour Casanova, qui rapproche les mystères de l'initiation maçonnique des mystères d'Éleusis, le pape aurait mieux fait de s'inspirer de la prêtresse qui a refusé de condamner Alcibiade après sa divulgation des mystères du culte de Déméter et de sa fille Perséphone, arguant que son rôle était de bénir et non pas

2. Giacomo Casanova, *Histoire de ma vie*, Paris, Gallimard, « Bibliothèque de la Pléiade », 2013, p. 590.

de maudire. Mais, ajoute-t-il, c'est « une leçon superbe que notre Saint-Père méprise ».

L'intérêt du témoignage très personnel que Casanova porte sur son itinéraire maçonnique est de montrer comment au-delà des éléments factuels, il perçoit la signification de l'engagement. Sa comparaison avec les cultes à mystère de l'Antiquité est particulièrement éclairante. C'est précisément ce qui fait de la franc-maçonnerie une société à secrets, ceux de l'initiation partagée, et non pas une société secrète. C'est aussi ce qui très tôt suscite l'incompréhension des profanes, littéralement ceux qui sont maintenus hors du temple, et partant, leur méfiance voire leur hostilité : « Le secret de la maçonnerie est inviolable par sa propre nature, puisque le maçon qui le sait ne le sait que pour l'avoir deviné. Il ne l'a appris de personne. Ce secret sera donc toujours secret. »

Mobilités maçonniques

Poursuivant ses pérégrinations européennes, Casanova est en 1759 aux Provinces-Unies (actuels Pays-Bas). « M. D. O. – un négociant d'Amsterdam – m'invita à dîner avec lui à la loge des bourgmestres. C'était une faveur distinguée, car contre toutes les règles ordinaires de la maçonnerie, on n'y admettait que les vingt-quatre membres qui la composaient. C'étaient les plus riches millionnaires de la Bourse. Il me dit qu'il m'avait annoncé, et qu'en grâce de moi la loge serait ouverte en français. On fut si content de ma personne qu'on me déclara surnuméraire pour tout le temps que je resterai à Amsterdam. M. D. O. me dit le lendemain que j'avais soupé avec une compagnie qui aurait pu disposer de trois cents millions. » En bon aventurier qui revient sur ses exploits, Casanova n'hésite pas à donner de sa vie une version réécrite et augmentée dans ses mémoires. Pour autant, il figure bien dans le livre des visiteurs de la *Bien Aimée* d'Amsterdam, puissante loge du grand négoce hollandais. Il le signe : « Giacomo Casanova de la loge Saint André grand inspecteur de toutes les loges de France à Paris[3] ». Cette fonction est, bien sûr, tout droit sortie de son imagination, mais elle en dit long sur le prestige des hauts grades écossais dans l'Europe du XVIIIe siècle. L'aventurier en use donc pour en imposer à ses hôtes. Il procède de même à l'endroit de ses futurs lecteurs, car contrairement à ce qu'il écrit, la *Bien Aimée*, dont les registres de visiteurs ont été conservés des années 1750 aux années 1790, a accueilli des dizaines de frères venus de toute l'Europe et des colonies. Elle affirme ainsi son influence et en tra-

3. La Haye, Orde van Vrijmetselaren onder Het Grootoosten der Nederlanden, Archief, carton 4337, 41 : 6, Registre des visiteurs de la loge la *Bien Aimée*, orient d'Amsterdam.

vaillant souvent en français, la langue de communication internationale du temps. S'il réécrit son histoire et forge sa légende, Casanova n'en est pas moins un franc-maçon sincère et, malgré ses prétentions et le succès des hauts grades, insiste sur l'importance du grade de maître : « Il n'y a point de plus haut grade dans la franc-maçonnerie : ceux qui s'imaginent d'être davantage à cause des nouveaux titres qu'on a inventés se trompent, ou veulent tromper. »

User et abuser de la solidarité fraternelle

L'Art Royal accompagne Casanova tout au long de ses voyages. À maintes reprises, il visite des frères et obtient d'eux protection, soutien matériel et financier, mais aussi témoignages d'amitié choisie, que ce soit en Saxe, berceau de la réforme maçonnique templière, auprès du comte Brühl, vénérable de la loge *Saint-Jean des Voyageurs* à Dresde, ou à Landshut en Bavière, où s'est installé le comte Maximilien Joseph von Lamberg (1729-1792), l'auteur du *Mémorial d'un mondain*, l'un de ses amis les plus proches. Comme Lamberg, Casanova est poursuivi par les dettes, mais il peut là encore compter sur le soutien de ses frères, qui souscrivent massivement à ses œuvres, notamment à son roman d'anticipation, l'*Icosaméron*, dont l'édition lui a coûté très cher. Lorsqu'il ne voyage pas, Casanova correspond, et son activité épistolaire entretient les liens de la fraternité par-delà la distance. Il signe d'ailleurs d'un *F* suivi de la triponctuation en rappelant à son correspondant les « nombres et mystères à nous seuls connus ». À la fin de sa vie, alors qu'il réside à Dux, en Bohême, auprès du comte Joseph Emmanuel von Waldstein, franc-maçon distingué, dont il est le bibliothécaire – ce qui justifie une pension –, Casanova maintient aussi une correspondance avec des femmes aristocrates, qui n'ignorent rien de sa qualité maçonnique. Lorsqu'en 1797, Cécile de Roggendorff lui adresse ses salutations, elle se dit « demi franc-maçonne ».

Suivre Casanova et ses rencontres heureuses ou malheureuses, c'est donc au-delà des exagérations et des écarts de sa conduite par rapport aux valeurs morales de l'ordre, comprendre ce que la franc-maçonnerie a de séduisant pour les hommes du XVIIIe siècle. Son témoignage, confronté aux traces qu'il a laissées dans les archives maçonniques, montre qu'il a clairement mis en pratique la recommandation qu'il donne dans *Histoire de ma vie* : « Tout jeune homme qui voyage, qui veut connaître le grand monde, qui ne veut pas se trouver inférieur à un autre, et exclu dans la compagnie de ses égaux, dans le temps où nous sommes, doit se faire initier dans ce qu'on appelle la maçonnerie, quand ce ne serait pour savoir au moins superficiellement ce que c'est. Il doit cependant faire attention à bien choisir la loge dans laquelle il veut être installé, car malgré que la mauvaise compagnie ne puisse agir en loge, elle peut cependant s'y trouver, et le candidat doit se garder des liaisons dangereuses. » Au-delà d'une apparente superficialité, Casanova a vécu son appartenance à l'Art Royal comme un engagement.

11

La réception maçonnique de Voltaire est-elle une récupération symbolique ?

« Quelle époque dans les Annales de la Maçonnerie ! Quelle gloire, quel triomphe pour la Loge des Neuf Sœurs ! Ce fut à l'âge de quatre-vingt-quatre ans que le Nestor du Parnasse français, ce vieillard, l'étonnement et l'admiration de l'Europe [...] vint puiser dans la Loge des Neuf Sœurs un genre d'instruction que plus de soixante ans d'études n'avaient pas su lui procurer[1]. »

Le 7 avril 1778, soit deux mois avant sa mort, François-Marie Arouet dit Voltaire (1694-1778) est reçu franc-maçon au sein de la loge parisienne des *Neuf Sœurs*, qui réunit savants, artistes mais aussi figures de l'aristocratie libérale française et européenne. La cérémonie a été soigneuse-

1. [Nicolas Brixaire de La Dixmerie], *Mémoire pour la loge des Neuf Sœurs*, s.l.n.d., [1779], p. 5.

ment préparée et orchestrée. Le frère Benjamin Franklin (1706-1790) ceint le tablier de franc-maçon de Claude-Adrien Helvétius (1715-1771) à la taille de Voltaire. Les symboles sont puissants. Benjamin Franklin, savant internationalement reconnu, envoyé du Congrès continental – les treize colonies britanniques d'Amérique du Nord ont déclaré leur indépendance le 4 juillet 1776 et ont grand besoin de soutien militaire – près la cour de Versailles, est un franc-maçon de premier plan. Initié dès 1731, il a été grand maître de la Grande Loge de Pennsylvanie. De ce côté de l'Atlantique, il est aussi la coqueluche des Parisiens. Le 20 mars 1778, les *Mémoires secrets pour servir à l'histoire de la République des lettres en France*, dits « de Bachaumont », indiquent : « Le Docteur Franklin affecte de se montrer de plus en plus. Il est venu mercredi au concert des amateurs, et y a été applaudi à tout rompre. » Le lendemain, ils précisent les préparatifs d'une délégation des *Neuf Sœurs* destinée à rencontrer Voltaire.

C'est dans ce contexte de mondanités maçonniques et d'opération de séduction auprès du maître de Ferney qu'il faut comprendre le projet de la loge parisienne. Quant à Helvétius, fermier général et philosophe décédé en 1771, il avait porté le projet d'une loge dite *Des Sciences*, devenue après sa mort *Neuf Sœurs*, en référence aux neuf Muses antiques. Le choix de Franklin et d'Helvétius est donc puissant et symboliquement très réussi : philosophie, goût des sciences, célébrité et reconnaissance par les pairs sont associés à la figure publique qu'est Voltaire, que le Tout-Paris mondain s'arrache alors qu'il est très diminué, dans une forme d'apothéose avant l'heure. Tous deux sont, par ailleurs, des francs-maçons indiscutables. La transmission est double : d'une part, Voltaire voit enfin la lumière et, d'autre part, les *Neuf Sœurs*, loge toujours soucieuse d'occuper le devant de la scène maçonnique mais aussi mondaine parisienne, capitalise sur le nom de Voltaire. Nicolas Brixaire de La Dixmerie (1731-1791) le reconnaît d'ailleurs ouvertement dans les vers rédigés pour l'occasion : « Au nom seul de l'illustre frère/ Tout maçon triomphe aujourd'hui ; / S'il reçoit de nous la lumière, le monde la reçoit de lui. » Plus prosaïque, le rédacteur de la *Correspondance littéraire*, lettre d'information confidentielle à destination des têtes couronnées, Friedrich Melchior Grimm (1723-1807), observe, un brin caustique, que, dans la cohorte des honneurs et des louanges, « M. de Voltaire, après s'être purifié par sa confession au père Gauthier, a jugé que pour achever son instruction, il ne lui restait plus qu'à se faire initier dans les mystères de la franc-maçonnerie ».

Depuis lors, le tablier d'Helvétius devenu celui de Voltaire est exposé – sans qu'on soit certain qu'il s'agisse bien de l'original – au musée de la Franc-maçonnerie, où le public peut admirer ses indéniables qualités esthétiques et la qualité de sa fabrication. Mais surtout, la franc-maçonnerie de la IIIe République a fait de Voltaire le symbole de son engagement en faveur de la tolérance, de la lutte contre l'infâme, et fait de toutes les causes pour lesquelles Voltaire s'est démené pour faire entendre ce qu'il nommait le cri de la justice, les symboles de ses propres valeurs d'émancipation. Des loges choisissent de s'appeler *Voltaire* ou *Chevalier de La Barre (1745-1766)*, du nom d'une des victimes de l'obscurantisme religieux et judiciaire dont Voltaire s'est fait l'avocat en vue de sa réhabilitation. À Paris, le 29 septembre 1890, au lendemain du centenaire de la Révolution de 1789 qui a cristallisé les oppositions entre les deux France, Paul Doumer, futur président de la République, qui commence alors une brillante carrière politique et une tout aussi impressionnante carrière maçonnique, fonde ainsi la loge *Voltaire*, accompagné des frères Léon Bourgeois (1851-1925) et Charles Floquet (1828-1896), poids lourds de la IIIe République et du régime parlementaire. De leur côté, les antimaçons n'en demandent pas tant et font de Voltaire l'une de leurs cibles de prédilection, lui attribuant aussi bien les origines de la Révolution que la responsabilité de l'anticléricalisme militant, voire de l'athéisme.

Mais au-delà de la mise en scène symbolique de 1778, qu'en est-il des positions de Voltaire vis-à-vis de l'ordre maçonnique au cours de sa vie personnelle, d'homme de lettres et de figure publique ?

Comment les francs-maçons se sont-ils approprié de manière sélective la figure de Voltaire puis ses combats, avant de les revendiquer comme un héritage des Lumières ?

Les pièces du dossier

La plupart des tenants de la thèse d'une initiation ancienne de Voltaire, qui remonterait soit à son exil anglais (1726-1729) soit à son séjour à Cirey (à partir de 1734), s'appuient sur un passage des *Mémoires secrets pour servir à l'histoire de la République des lettres,* daté du 21 mars 1778 : « Entre les loges de cette capitale, celle des Neuf Sœurs tient un rang distingué : comme elle est surtout composée de gens de lettres, que le marquis de Villette est franc-maçon, et que M. de Voltaire l'est aussi, dans une assemblée tenue le 10 de ce mois, un des membres [M. de la Dixmerie] a proposé de boire à la santé du vieux malade et a chanté des couplets de sa composition en son honneur. Ensuite, il a été arrêté de lui faire une députation pour le féliciter sur son retour à Paris et lui témoigner l'intérêt que la loge prenait à sa conservation. » Or cet extrait ne donne aucune information précise quant à la qualité maçonnique de Voltaire.

Un autre document, plus ancien, de nature épistolaire est aussi évoqué. Célèbre en raison de la polémique entre Voltaire et Rousseau, il s'agit d'une lettre à D'Alembert, datée de Ferney le 20 avril 1761 : « L'auteur de *la Nouvelle Aloïsia – Julie ou la Nouvelle Héloïse* de Jean-Jacques Rousseau (1761) – n'est qu'un polisson malfaisant. Que les philosophes véritables fassent une confrérie comme les francs-maçons, qu'ils s'assemblent, qu'ils se soutiennent, qu'ils soient fidèles à la confrérie, et alors je me fais brûler pour eux. Cette Académie secrète vaudrait mieux que l'Académie d'Athènes, et toutes celles de Paris. Mais chacun ne songe qu'à soi, et oublie que le premier devoir est d'anéantir l'inf[âme]. » C'est bien à une comparaison que se livre Voltaire entre l'absence de solidarité des gens de lettres et le lien qui unit les francs-maçons, mais sans pour autant revendiquer son appartenance à l'Art Royal. Les indices d'une initiation de Voltaire en exil, en Angleterre ou en Champagne, ne sont pas plus précis.

Il faudrait donc se rabattre à propos de Voltaire sur le « franc-maçon sans tablier », c'est-à-dire proche des idéaux maçonniques, voire pratiquant les valeurs morales de l'ordre sans lui appartenir formellement. Mais ce serait oublier que la notion même de « franc-maçon sans tablier » est très contestable pour un ordre initiatique dont l'appartenance suppose une pratique régulière, à la fois opérative – les outils en loge – et spéculative – leur interprétation symbolique. Il est donc plus sûr, jusqu'à preuve matérielle et authentifiée du contraire, de considérer que la loge des *Neuf Sœurs* l'a bien reçu dans l'ordre et non pas affilié – ce qui supposerait une initiation antérieure.

Retour sur une réception triomphale mais abrégée

À Paris, en ce début d'année 1778, Voltaire est l'hôte du marquis de Villette (1736-1793), membre des *Neuf Sœurs*. Au sein de la loge, le frère orateur, Bricaire de la Dixmerie, adresse des vers flagorneurs à Voltaire, qui semble les apprécier. Décision est donc prise d'envoyer à la rencontre du grand homme une délégation emmenée par le vénérable de la loge lui-même, Jérôme-François de Lalande (1732-1807), astronome de renom et professeur au Collège royal – Benjamin Franklin lui succède le 21 mai 1779. Un temps secrétaire de Voltaire, Jean-Louis Wagnière témoigne de sa visite dans sa *Relation du voyage de M. de Voltaire à Paris en 1778*. De leur côté, les *Mémoires secrets* restituent le quotidien de Voltaire pressé de toutes parts par les hommages et par les fluctuations de sa santé déclinante, car « ce personnage singulier en tout, ne voulait sans doute rien avoir de commun avec la société ordinaire ». Finalement, la réception au sein des *Neuf Sœurs* a lieu le 7 avril dans son temple sis rue du Pot-de-Fer, dans l'ancien noviciat des jésuites, hasard de l'architecture bien sûr, mais qui rétrospectivement apparaîtra comme prémonitoire de l'effondrement de la France fille aînée de l'Église, alors même que Voltaire, ancien élève du collège jésuite de Clermont (actuel lycée Louis-le-Grand), s'est toujours souvenu avec émotion des enseignements du père Porée. Compte tenu de la fatigue de Voltaire, la cérémonie au grade d'apprenti est réduite, mais l'essentiel est acquis, il a rejoint les *Neuf Sœurs* aux côtés de Benjamin Franklin et dans la lignée d'Helvétius.

Instrumentalisations

Aujourd'hui encore, Voltaire est une incarnation des Lumières françaises qui fait sens parmi les francs-maçons, tant en France qu'à l'étranger, qu'ils s'en sentent proches ou aient pris leurs distances par rapport au mythe Voltaire, car au-delà de la réception de Voltaire, c'est tout l'héritage des Lumières que la franc-maçonnerie libérale revendique à partir du second XIXe siècle. Il fallait aussi répondre à une contradiction fondamentale. En Allemagne comme en Scandinavie ou en Italie, des figures des Lumières chrétiennes ont fréquemment rejoint les colonnes des temples maçonniques sans attendre les hommages rendus en fin de vie. Ce faisant, ils illustrent à la fois la largeur du spectre des Lumières, qui ne se réduit ni aux Lumières radicales ni aux Lumières françaises – qui ne sont pas toutes radicales – et le fait que la franc-maçonnerie soit dans son immense majorité d'inspiration chrétienne – même lorsqu'un certain anticléricalisme est perceptible. La rencontre était donc non seulement possible, mais tout à fait logique. Or, en France, alors que les Lumières ont été longtemps – et sont encore – exaltées comme françaises, il se trouve que les philosophes et gens de lettres francs-maçons de premier plan sont très peu nombreux. Voltaire, on l'a vu, a été reçu et quelque peu « récupéré » en fin de vie, et ni Diderot, ni d'Alembert, ni Rousseau – citoyen de Genève – n'ont apporté leur nom à la cohorte des gloires maçonniques. Seul Montesquieu en impose, mais sa réception dans l'ordre maçonnique s'inscrit clairement dans l'orbite anglaise. Il a été reçu franc-maçon, lors de son voyage en Angleterre, à la loge *The Horn*, en 1731, dont le vénérable était Charles Lennox duc de Richmond (1701-1750), ancien grand maître de la Grande Loge de Londres, et c'est le même duc de Richmond qui l'a invité en juillet 1735 à le rejoindre en Sologne, au château d'Aubigny-sur-Nère, hérité de sa grand-mère, Louise de Kéroualle (1649-1734), duchesse de Portsmouth et d'Aubigny, où l'aristocrate anglais tenait le maillet de sa loge particulière.

12

Les *Illuminati* ont-ils infiltré les loges maçonniques ?

« Personne dans la crise où la Maçonnerie était alors ne savait lequel [des] système[s] différents était le meilleur. Son avis était donc d'enter – au sens de greffer – l'illuminatisme sur la Maçonnerie sans le secours d'une autorité quelconque. Il se mit à perfectionner les grades que le fondateur avait laissés fort imparfaits. » Ainsi s'exprime un franc-maçon allemand de haut rang, savant et important dignitaire protestant, Johann August von Starck (1741-1816), dans le manuscrit de son *Histoire de l'illuminatisme* destiné à informer de source sûre l'ex-jésuite Augustin Barruel sur la manière dont l'ordre des *Illuminaten* – pour utiliser son nom allemand – s'est développé en parasitant les loges maçonniques. Starck attribue cette prise de contrôle des loges, qui le révolte comme franc-maçon, au baron Adolph von Knigge (1752-1796) : « Knigge prit les mémoires de Weishaupt et s'en retourna à Francfort. Là il travailla le système entier si bien que s'il faut regarder Weishaupt comme le premier inventeur de cette conjuration contre la Religion et l'État, Knigge doit être considéré comme celui qui a donné la dernière perfection à cet ouvrage de l'Enfer[1]. »

Convoitises

Les *Illuminaten* ont été créés en 1776 en Bavière par un universitaire d'Ingolstadt, Johann Adam Weishaupt (1748-1776) *alias* Spartacus, son nom secret dans l'ordre, comme une utopie éducative inspirée des mystères antiques, notamment ceux d'Éleusis, dans la cité des Athéniens. Progressivement, il l'oriente vers un objectif de transformation sociale et institutionnelle par le haut de l'Ancien Régime, au nom du combat des Lumières contre l'obscurantisme, afin de le débarrasser de la tutelle ecclésiastique sur l'éducation et, plus largement, des formes dominantes de conservatisme. Le secret doit à la fois attirer de nouveaux adeptes et protéger l'ordre de la curiosité des autorités ou de la malveillance de groupes rivaux. Dans le cadre d'une stratégie de développement rapide,

1. Archives jésuites de la Province de France, Vanves, H Ba 57, papiers Barruel, [Starck], « Histoire de l'illuminatisme », folio 33.

son fondateur a identifié le profil des nouveaux adeptes à recruter et pousse ses lieutenants à se montrer agressifs : « Pour le moment nous ne pouvons tirer parti que de ceux qui sont : 1. adroits, 2. entreprenants, 3. souples, 4. sociables. S'ils sont par-dessus le marché nobles, riches et puissants, *tant mieux* – en français dans le texte allemand. »

Pourtant, les effectifs peinent à décoller, car la concurrence est alors rude entre de nombreux ordres secrets. C'est bien Knigge qui modifie en profondeur le projet de Weishaupt. Contrairement au fondateur, il a une vaste expérience maçonnique et a parfaitement saisi les potentialités de l'Art Royal. Reçu franc-maçon à Cassel en 1772, il rejoint la maçonnerie templière de la Stricte Observance en 1779 avec pour nom dans l'ordre intérieur *a Cygno*, puis les *Illuminaten* en 1780, où il devient *Philo*.

Weishaupt a certes lui aussi été reçu maçon, mais il n'a pas clairement conscience du potentiel stratégique que recèlent en Allemagne des dizaines de loges – plusieurs milliers à l'échelle de l'Europe –, de leurs milliers de membres et surtout du remarquable effet d'aubaine que représente la crise de croissance que traverse alors la maçonnerie templière. Cette dernière a connu une croissance incontrôlée – voir chapitre « Les Templiers sont-ils devenus francs-maçons ? » –, et sa réputation est éclaboussée dans l'espace germanique par différents scandales. De nombreux francs-maçons sont donc dans le désarroi et comme ils ne souhaitent pas abandonner l'Art Royal, ils sont des cibles toutes désignées pour les recruteurs des *Illuminaten*.

Prise de contrôle

Le plan de Knigge est simple : les loges maçonniques doivent constituer le véritable vivier des futurs *Illuminaten*, car elles ont déjà opéré un tri social et culturel, et recrutent parmi l'élite. Il suffit de noyauter la direction des loges en plaçant lors des élections internes des *Illuminaten* aux principales fonctions d'officiers, ils renseigneront ensuite leurs supérieurs et sélectionneront les futures recrues. On pourra même créer d'authentiques loges d'*Illuminaten* pour parvenir au même but, recruter vite et viser les meilleurs. Knigge comprend clairement que si la franc-maçonnerie est une société à secrets – à la différence d'une société secrète –, apolitique, en revanche elle cultive la discrétion, la cohésion, l'obéissance volontaire à la loi commune. La loge peut donc fort bien servir de couverture à d'autres activités animées de l'intérieur par un groupe de francs-maçons qui tiennent secrète leur appartenance à l'ordre, et pilotées de l'extérieur par la direction clandestine des *Illuminaten* – l'Aréopage. Le cloisonnement est de rigueur au sein de cet ordre secret, et seuls les membres sélectionnés auront connaissance de l'agenda politique, social et culturel radical de Spartacus et de ses principaux lieutenants.

Knigge recherche prioritairement des francs-maçons disposant déjà d'une importante surface sociale, d'un réseau relationnel étendu et solidement établis dans l'appareil d'État. Il mise sur des hommes arrivés, établis, et non pas sur des étudiants en devenir comme le souhaitait Weishaupt dans son projet initial d'utopie éducative. La réussite et la position sociale sont les premiers critères de sélection des *Illuminaten*. Au-delà d'une infiltration, c'est une véritable prise de contrôle : « Voilà donc un phénomène des plus étranges, qu'un ordre tel que celui des francs-maçons eût pu être allié au complot des illuminés si contraire à la maçonnerie ; et que celle-ci eût servi aux illuminés de véhicule pour répandre partout leurs poisons venimeux, le fait paraîtra incroyable[2]. »

Les chiffres parlent, en effet, d'eux-mêmes. En quelques mois, ils gagnent en Bavière et dans les villes du Rhin plusieurs centaines de membres, et Knigge en recrute peut-être cinq cents à lui seul. En tenant compte des *Illuminaten* qui restent à découvrir – certains ne sont encore connus que par leur nom d'ordre, secret, et non par leur état civil –, les effectifs cumulés dépassent sans doute les deux mille individus à la veille des condamnations de 1784-1785 qui frappent l'ordre de plein

2. *Ibid.*, folio 19.

fouet, ce qui est tout à fait considérable après moins d'une décennie d'existence.

Cloner la structure maçonnique

Pour accueillir ces centaines de francs-maçons, qui savent pour certains mais ignorent pour beaucoup d'entre eux qu'ils ont été captés par les *Illuminaten,* il faut une structure adéquate, familière, qui ne les déroutera pas ou ne les fera pas fuir, au cas où ils découvriraient qu'ils ont troqué l'engagement maçonnique à caractère initiatique, respectueux des pouvoirs civils et religieux, socialement conformiste, pour l'entrée dans un ordre secret dont l'agenda relève des Lumières radicales.

Knigge procède donc à une fusion-acquisition non agressive, mais tout à fait déterminée. Il coiffe la première classe, la « Pépinière », tout entière pensée par Weishaupt comme un noviciat, une colonie de disciples dont la formation et la mise à l'épreuve durent environ deux ans, d'une deuxième classe, structurée en trois grades : franc-maçon – lui-même subdivisé classiquement en apprenti, compagnon et maître –, *Illuminatus major* et *Illuminatus dirigens*. Le cursus maçonnique s'insère désormais au cœur du projet des *Illuminaten,* puisque la deuxième classe est tout entière qualifiée de « *Freimaurerey* »,(*sic*) (franc-maçonnerie). On ne saurait être plus clair sur ses intentions : aspirer les ressources de la franc-maçonnerie. Starck explique la manœuvre à Barruel : « Ainsi la Maçonnerie ou tolérée ou privilégiée en Allemagne devait couvrir l'illuminatisme et servir en même temps de pépinière dont on pourrait tirer les membres les plus propres pour les faire illuminés en laissant les autres où ils étaient. »

De fait, c'est un coup de maître car, en un siècle où les systèmes de hauts grades maçonniques fleurissent de toutes parts et rencontrent un exceptionnel succès, Knigge donne à l'ordre l'apparence d'une superstructure maçonnique avec des grades maçonniques symboliques coiffés par des grades supérieurs. La deuxième classe est donc un véritable faux nez de l'ordre des *Illuminaten*. Les grades « illuminés » de la deuxième classe ont leur équivalence ou traduction « écossaise » : Novice écossais pour l'*Illuminatus major*, Chevalier écossais pour l'*Illuminatus dirigens*. Knigge donne ainsi une grande lisibilité maçonnique à l'ordre, tout en dissimulant son projet réel. C'est bien au sein de la maçonnerie que les *Illuminaten* puisent désormais leurs forces vives. Leurs ennemis en profiteront pour attaquer les francs-maçons en leur reprochant d'avoir été soit les idiots utiles des *Illuminaten* soit leurs complices.

Un orage aux conséquences dévastatrices

S'ils se sont considérablement développés, les *Illuminaten* ont pris également des risques. Il est, en effet, plus difficile de contrôler et de cloisonner un ordre en croissance rapide qu'une poignée d'adeptes sur lesquels on exerce un contrôle direct au sein des Églises minervales (qui réunissent, sous l'égide de Minerve, les novices de l'ordre). Certains membres sont jaloux des progressions plus rapides de leurs « frères », d'autres parlent trop et se montrent imprudents. Des bruits parviennent jusqu'aux oreilles des autorités bavaroises, tandis qu'en Prusse, des francs-maçons outrés par les manœuvres des *Illuminaten* publient des textes pour s'en démarquer et condamner leur entreprise de subversion. Des premières mesures sont prises en 1784 contre les sociétés secrètes, mais c'est un dramatique incident survenu à l'été 1785 qui met le feu aux poudres.

Le 20 juillet, lors d'un violent orage, la foudre s'abat sur un ecclésiastique, le père Johann Jakob Lanz (1735-1785), et le tue alors qu'il chevauchait près de Ratisbonne. Sur le corps de Lanz, on découvre une note mystérieuse qui révèle qu'il partait en mission d'information pour un ordre secret : les *Illuminaten,* mandaté par Weishaupt lui-même. Spartacus avait demandé à Socrate – le nom d'ordre de Lanz – de se munir d'un certificat maçonnique pour visiter le plus possible de loges à chacune des étapes de son voyage, de les observer « attentivement » et, pour chacune d'elles, de relever son nom, son lieu de réunion, les noms et qualités du vénérable et de ses principaux officiers, l'obédience à laquelle elle appartenait. Le document est aussitôt transmis aux autorités bavaroises, qui entreprennent de démanteler l'ordre mais surtout de révéler au public son existence, en publiant les listes de membres, les correspondances et de nombreux documents découverts lors de perquisitions de police. Cette politique de combat du secret par sa divulgation au grand jour dure de longues années et servira d'exemple à de nombreuses entreprises de répression futures. Pour un ordre secret, les *Illuminaten* et leur fondateur écrivent beaucoup et livrent bien involontairement une masse considérable de documents qui font le bonheur des historiens d'aujourd'hui, mais qui ont surtout déchaîné sur leurs adeptes une vague de réprobation et, pour ceux qui servaient l'État bavarois, des procédures d'exclusion.

La franc-maçonnerie elle-même a souffert des retombées des attaques menées contre les *Illuminaten* à plusieurs titres. Au sein du public, la différence pourtant fondamentale entre un ordre secret – les *Illuminaten* – et une société à secrets – la franc-maçonnerie – qui s'interdit alors toute intrusion dans la sphère profane, est souvent incomprise ou difficile à faire. Le doute et la suspicion jouent contre les frères, et l'étiquette *illuminatus* colle à la peau de nombreux francs-maçons qui ignoraient que leur loge avait été infiltrée ou était dirigée par les compagnons de Spartacus. Lorsqu'il faudra expliquer à des contemporains déboussolés par le caractère soudain et chaotique des événements les causes complexes des révolutions de la fin du XVIIIe siècle, il sera très facile aux adeptes des théories de la conspiration de proposer le scénario d'une collusion des francs-maçons avec les *Illuminaten,* devenus alors « Illuminés de Bavière » chez Augustin Barruel et *Illuminati* chez John Robison, sur le thème « Ils ne pouvaient pas ne pas savoir ce qui se tramait ». Pour protéger les francs-maçons de toute confusion avec les *Illuminaten,* Starck a donc fait un pari risqué : informer abondamment Barruel, sans se douter que celui-ci prendrait les informations mais ne renoncerait pas à un scénario complotiste ô combien efficace et profitable en termes de succès de librairie. Par la suite, les dénégations outrées des Grandes Loges à travers l'Europe n'y changeront rien, la mécanique de la suspicion générale s'était mise en branle, et n'était pas près de s'arrêter.

13

La franc-maçonnerie a-t-elle subi ou enfanté la Révolution ?

« Je commence par vous dire que j'ai perdu le style maçonnique […] nous avons des occupations plus urgentes et beaucoup plus conséquentes que celles de la maçonnerie. » Ainsi s'adresse depuis Toulon un ancien vénérable des *Élèves de Minerve*, au Grand Orient en 1789, tandis qu'à Marseille le secrétaire de *Parfaite Sincérité* regrette que, trop occupés par leurs activités politiques, les officiers de la loge démissionnent. À Trévoux – dans l'actuel département de l'Ain –, la loge de *La Sincérité et du Secret* annonce, quant à elle, sa mise en sommeil entre février et novembre 1790, tant les affaires du temps absorbent désormais ses membres. Or c'est précisément le 4 novembre 1790 que le Grand Orient se lance dans l'une des envolées lyriques qu'il affectionne, et transmet sous forme de lettre circulaire aux loges de sa correspondance : « La Maçonnerie […] est près de toucher à sa période de splendeur et son utilité sentie la rendra l'un des plus beaux établissements qui ait jamais existé. Les Maçons n'ont plus à craindre l'ignorance et le fanatisme. [...] Il n'est pas jusqu'au profane lui-même qui ne soit convaincu que l'esprit d'égalité qui règne aujourd'hui est le feu sacré conservé dans les temples. »

Si le choc de 1789 est indéniable, il faut donc prendre le temps de descendre au niveau des ateliers pour comprendre son ampleur et surtout les réactions qu'il a causées sur la sociabilité maçonnique. L'a-t-elle anticipé ? Accompagné ? A-t-elle cherché, au contraire, à se réfugier dans les temples pour s'en tenir à l'écart ? La légende des origines maçonniques de la Révolution, développée aussi bien par les contre-révolutionnaires que par les tenants d'une maçonnerie politique qui serait l'héritière de la Révolution sous la IIIe République, a marqué les esprits. Mais les archives des loges permettent de documenter toute une gamme d'attitudes, de parcours individuels, et de peindre ainsi un tableau plus nuancé et, somme toute, plus fidèle à la vérité historique.

Mesurer le choc de 1789

Au sommet de l'ordre, l'administrateur général du Grand Orient, le duc Anne-Sigismond-Charles de Montmorency-Luxembourg (1737-1803), qui a mené à bien la révolution maçonnique des années 1771-1773 et bâti l'armature administrative du Grand Orient en supprimant l'inamovibilité des vénérables qui sont désormais élus, décide de partir en émigration dès le lendemain de la prise de la Bastille. Il ne reviendra jamais. Trois ans plus tard, un autre franc-maçon, Olivier Bergevin (1750-1818), ancien sénéchal de Brest, membre de l'*Heureuse Rencontre*, longtemps loge de référence du grand port de la Marine royale sur l'Atlantique, écrit au Grand Orient que « l'esprit maçonnique ayant été tellement propagé dans les assemblées politiques, nos temples sont pour ainsi dire déserts, et il est même à présumer que des trois loges qui existent à Brest, on aura peut-être de la peine sous peu à en former une ». Comme l'ensemble de la société, la franc-maçonnerie est d'abord déboussolée par le choc de 1789. En quelques semaines, l'offre de sociabilité est démultipliée, le nombre de titres de journaux s'envole. Il est donc difficile de maintenir une fréquence régulière de tenues au sein des loges, car le goût de la nouveauté, l'offre surabondante, entraînent mécaniquement une dispersion des effectifs, alors que le temps disponible n'augmente pas en proportion. À la tête du Grand Orient, au-delà des manifestations publiques de réjouissances, et des santés à tirer en l'honneur du roi et des États généraux lors des agapes, on essaie parfois de dissuader les loges d'entrer ès qualités dans l'espace civique, et on les incite à s'en tenir aux travaux symboliques dans la clôture du temple. Mais si la franc-maçonnerie est un observatoire du temps plus qu'un laboratoire, elle ne pouvait pas rester à l'écart du mouvement de régénération nationale, que les frères y fussent favorables ou pas.

Une grande majorité des loges – peut-être neuf sur dix – ralentit ses activités, puis se met en sommeil. C'est incontestable. Pourtant, l'exploitation en cours des archives venues de Moscou ou de Minsk – celles que les nazis avaient volées pendant la guerre et que l'Armée rouge avait récupérées en 1945 – et notamment des livres d'architecture des loges, c'est-à-dire de leurs registres de procès-verbaux, montre qu'au-delà de l'évaluation quantitative, certaines loges ont tenu le cap et décidé de maintenir leur activité. À Bordeaux, l'*Anglaise* – fondée en 1732, c'est la plus vieille loge de province connue à ce jour – accuse le choc comme ses sœurs, mais elle se réunit néanmoins près de cinquante fois pour la seule année 1789, soit une fréquence mensuelle qu'aucun atelier actuel n'atteindrait, et 216 fois pour la période 1789-1794. Elle n'est pas la seule. Des initiations continuent d'avoir lieu dans les ateliers qui maintiennent leur activité, et de nouvelles loges sont même créées pendant la période. C'est le cas au Havre, où les militants jacobins de la loge des *Trois Haches*, qui a d'abord existé sous la forme d'une société politique depuis 1790, décident de la faire constituer régulièrement en messidor an II, soit sous la Terreur et à contretemps du mouvement général. Deux autres loges havraises, la *Fidélité* et l'*Aménité* – loge installatrice des *Trois Haches* – se maintiennent sans interruption, et au total Éric Saunier estime qu'on a initié plus de francs-maçons au Havre entre 1789 et le Directoire qu'entre 1776 et 1789. À l'inverse, au cours de la même période, la loge nantaise des *Cosmopolites de Saint-Jean de Jérusalem* refuse l'introduction du calendrier républicain, maintient les deux fêtes de l'ordre, la Saint-Jean d'été « qui est d'obligation indispensable pour tous les maçons répandus à la surface de la Terre » et la Saint-Jean d'hiver, « fête si mémorable et si chère à tous les bons maçons ». Elle continue de priser le grade de Souverain Prince de Rose-croix d'essence chrétienne et chevaleresque. Les variations locales et le spectre des sensibilités maçonniques sont donc beaucoup plus étendus que ce qu'on a longtemps cru, et appellent à la prudence quant à déterminer si la franc-maçonnerie a enfanté ou subi la Révolution.

Il n'existe pas de consensus entre ceux qui estiment que, la franc-maçonnerie ayant permis la maturation de l'esprit public, son rôle est terminé et qu'elle laisse la place aux clubs et sociétés politiques, et ceux qui pensent que, comme l'ensemble des formes d'association caractéristiques de l'Ancien Régime, elle s'est mise en sommeil en attendant des jours plus sereins. La proportion de francs-maçons parmi les députés élus aux États généraux (6 % dans le clergé, 28 % au sein de la noblesse, 17 à 19 % pour le tiers état) n'est donc qu'un indicateur de l'appartenance significative des élites à la franc-maçonnerie, mais elle ne détermine pas les choix des individus au cours de cette phase de maturation politique accélérée sur les bancs de l'assemblée ni ne suffit à évaluer dans quelle mesure l'appartenance à la franc-maçonnerie a pesé sur leur désignation.

L'Art Royal à l'épreuve de la régénération nationale

Faire le choix du maintien de l'activité maçonnique pendant la Révolution suppose une véritable volonté d'adaptation au nouvel environnement social, politique et institutionnel. Or tous n'y sont pas prêts. À Lyon, le frère Jean-André Périsse-Duluc (1738-1800), libraire et député du tiers état aux États généraux, s'enthousiasme, au point que son ami et mentor, Jean-Baptiste Willermoz (1730-1824), figure charismatique de la franc-maçonnerie au XVIIIe siècle doit l'appeler à la prudence en lui conseillant de se méfier, quand il sera à Versailles, des partis et factions qui divisent l'assemblée. Mais sa déception est grande lorsqu'un membre de sa loge et de celle de Willermoz, la *Bienfaisance*, Jean-Jacques Millanois (1749-1793), lui aussi député du tiers de Lyon aux États généraux, l'ignore et le traite par l'indifférence. Quelques mois plus tôt, Périsse-Duluc a déjà vécu une scène éprouvante qui lui a montré que la fraternité maçonnique pouvait être battue en brèche par les écarts sociaux. Un autre franc-maçon, le chevalier de Rachais, l'interpelle en effet dans sa librairie à propos d'une prise de parole publique, lors d'une assemblée électorale préparatoire aux États généraux, en faveur du vote par tête et non par ordre. C'est la grande question des mois qui précèdent la Révolution : après le doublement du nombre des députés du tiers, le vote par tête peut leur donner la majorité, alors que le vote par ordre les met automatiquement en position de minorité face aux deux ordres privilégiés. Rachais considère que la déclaration de Périsse-Duluc est inacceptable, parce qu'elle ne respecte pas la « prééminence politique, mais aussi naturelle, de la noblesse ». La virulence de l'attaque désarçonne Périsse-Duluc. Lorsqu'il réagit en estimant qu'il est « noble comme lui », et Rachais un « roturier comme moi », car tous deux sont citoyens, Rachais lui rétorque : « Monsieur ! Monsieur ! En tant que frère de l'Ordre des Grands Profès – au sein du Rite Écossais Rectifié que Willermoz a créé –, je vous l'accorde. » Autrement dit, la réunion des francs-maçons entre l'équerre et le niveau de l'égalité n'a pas droit de cité hors de l'atelier. Manifestement, l'entrée en Révolution n'a pas mis la fraternité à l'ordre du jour, et effacé d'un coup les préjugés sociaux. On est ici hors du temple, mais au sein même des ateliers, certaines préventions demeurent.

Après la fuite du roi en juin 1791, on observe une tendance grandissante à la politisation de la sociabilité maçonnique, et à la multiplication des emprunts symboliques à la régénération nationale en cours dans l'espace civique. Les références à Louis XVI et à la famille royale disparaissent après Varennes lors des santés tirées pendant les agapes. Après la proclamation de la République, elles sont remplacées par l'exaltation de « la prospérité et [du] maintien de la sublime République française » et les encouragements aux « Représentants à la Convention ». Après l'entrée en guerre contre les souverains qui tyrannisent leurs peuples et la Perfide Albion, la loge *Anglaise* de Bordeaux ne pouvait pas ne pas changer son nom, sous peine de devenir immédiatement suspecte, avec les conséquences qu'on imagine. Elle devient la loge *Égalité*, tandis que la *Française d'Aquitaine* est renommée *Française d'Unité*. Cocarde et drapeau tricolores, faisceaux de licteurs à l'antique, références au caractère un et indivisible de la République se multiplient sur les sceaux de loge ou sur les entêtes de leurs documents officiels. De son côté, le Grand Orient de France peine à maintenir un contact régulier avec l'ensemble des ateliers. À Brest, les *Élus de Sully* affichent leurs convictions en se renommant *La Montagne*, alors même que les fédéralistes sont suspects. Le grand maître duc d'Orléans (1747-1793), devenu Philippe Égalité, abandonne ses fonctions maçonniques le 5 janvier 1793 : « Je pense qu'il ne doit y avoir aucun mystère ni aucune assemblée secrète dans une République, surtout au commencement de son établissement. » Ce reniement, pas plus que le vote de la mort de son cousin Louis Capet, ne le sauve de la guillotine en novembre 1793.

Après le traumatisme

Les mises en sommeil, volontaires ou contraintes, temporaires ou définitives, se multiplient. À Bordeaux, le représentant de la Convention nationale en mission, Garnier de Saintes (1755-1818), ferme les loges en messidor an II (juin 1793) en arguant que « la publicité est la garantie de la liberté » et qu'« il ne peut qu'exister qu'une seule loge, celle du peuple ». La mise en sommeil de la *Tendre Fraternité* de Dinan le 7 floréal an II (21 avril 1794) est justifiée, quant à elle, par la fin d'un ancien régime de socialisation : une République « où la liberté est devenue un bien commun [...] n'a pas besoin des ombres du mystère ». En différentes villes, la foule vandalise dans un même élan temples de loges et hôtels d'académies comme autant de symboles de l'Ancien Régime. Lorsque la Terreur s'achève, il faut donc à la fois panser les plaies individuelles et familiales, mais aussi reprendre le chemin des temples pour ceux qui n'ont pas définitivement rompu avec la franc-maçonnerie ou ne s'en sont pas détournés par peur des conséquences. On lit dans les archives la volonté de retrouver une forme de modération.

À Dunkerque, l'ancien vénérable de la puissante loge *Amitié et Fraternité*, colonel de la Garde nationale, député à la Législative, maire de Dunkerque, Jean-Marie Joseph Emmery (1754-1825), incarne la bourgeoisie révolutionnaire hostile à la radicalisation montagnarde. Victime de la Terreur, il revient à la tête de la Garde nationale pour réprimer l'émeute populaire du 20 juillet 1795. Le 30 juin 1800, élu orateur de la loge, son discours donne le ton d'une maçonnerie consulaire où les notables locaux peuvent à nouveau se retrouver entre pairs, dans la sérénité de l'ordre retrouvé et du respect de l'autorité légitime : « La maçonnerie sort d'un long sommeil. Il a fallu du courage pour réunir cette suite de frères qui venaient goûter le charme de la véritable égalité, pour se livrer aux doux épanchements de l'amitié et aux vertus bienfaisantes et hospitalières qui distinguent notre Ordre. Si de tels hommes ont donné de l'ombrage à ceux qui gouvernaient par la terreur et avec un sceptre de fer, ils doivent être assurés de toute la protection de ceux qui sont désormais chargés de nos grandes destinées. »

Ce retour sur les colonnes de la bourgeoisie patriote va jouer un grand rôle dans la participation de la franc-maçonnerie à asseoir le régime consulaire puis impérial à travers le territoire. Mais la donne sociologique a changé. Les représentants de la noblesse d'Ancien Régime ne reviennent pas pour la plupart dans les ateliers. Certains ont été exécutés, d'autres se sont exilés, mais tous sont désormais enclins, et leurs héritiers encore plus qu'eux, à croire les thèses conspirationnistes développées par les abbés Lefranc et Barruel selon lesquelles la franc-maçonnerie, par faiblesse ou choix criminel des arrières-loges – les directions secrètes dont la majorité des frères ignorait l'existence –, a pavé le chemin non vers la lumière mais vers le chaos révolutionnaire.

14

La franc-maçonnerie a-t-elle lutté contre l'esclavage ?

À l'occasion de la Saint-Jean-Baptiste 1797, Prince Hall (1735 ou 1748-1807), homme libre de couleur et fondateur de l'*African Lodge n° 459* à Boston, premier atelier maçonnique formé par d'anciens esclaves, s'adresse à ses frères : « Mes frères, souvenons-nous du jour sombre qu'ont connu nos frères africains, il y a six ans, dans les Antilles françaises. Du matin au soir, on n'entendait que le claquement du fouet ; pendus, brisés sur la roue, brûlés, et toutes sortes de tortures infligées à ces malheureux, sans autre but que de satisfaire l'orgueil, le vice et la cruauté de leur maître. » Il fait ici référence aux tentatives de révoltes dans les colonies françaises d'Amérique au cours de l'année 1791, férocement réprimées. L'esclavage est maintenu en mai 1791 par l'Assemblée constituante. Seule la grande révolte qui débute la nuit du 22 au 23 août 1791 à Saint-Domingue – actuelle

Haïti, considérée alors comme la perle de l'empire colonial français avec ses 500 000 esclaves – réussit à se structurer et à durer.

Depuis lors, la franc-maçonnerie dite « de Prince Hall » s'est organisée à l'échelle des États-Unis, sur la base d'une grande loge par État fédéré. Mais même si elles se sont efforcées d'afficher une fidélité sans faille aux principes de la régularité maçonnique, la reconnaissance des grandes loges de Prince Hall a buté sur le racisme systémique des grandes loges blanches avant et après l'abolition de l'esclavage aux États-Unis. À ce jour, les grandes loges « caucasiennes » (blanches) de l'Arkansas, de Caroline du Sud, du Mississipi et de Virginie-Occidentale ne reconnaissent toujours pas la maçonnerie de Prince Hall, et celle de Louisiane a attendu 2022.

Du côté français, Victor Schoelcher (1804-1893), reçu très jeune franc-maçon à la loge des *Amis de la Vérité* – loge libérale très engagée dans la lutte subversive contre Charles X –, est invoqué comme l'incarnation d'un ordre précurseur des combats pour la devise émancipatrice « Liberté, Égalité et Fraternité », en raison de son combat pour l'abolition de l'esclavage. De nombreuses manifestations commémoratives en son honneur ont été organisées par le Grand Orient, des loges portent son nom… Au point de faire oublier que dans un article de la *Réforme* daté du 26 juillet 1846, Schoelcher déplorait qu'« il n'y a de frères que selon l'épiderme. Les maçons de peau blanche n'ont voulu recevoir de maçons de peau jaune – il évoque une “loge de mulâtres” – ; aussi les jaunes ont-ils formé une loge à part, ce que M. Gosset, maire de Saint-Pierre, a trouvé très dangereux. Que les blancs se réunissent, il n'y a aucun mal à cela ; mais les mulâtres ! C'est bien différent[1]. »

Figures émancipatrices du panthéon maçonnique, Prince Hall et Victor Schoelcher ont-ils donc servi à masquer des attitudes beaucoup plus conservatrices, voire tout à fait hostiles à la remise en cause de l'ordre colonial esclavagiste ? Derrière les légendes de l'ordre, les vérités d'une maçonnerie encore très attachée aux préjugés de couleur… Peut-on pour autant opposer légendes et contre-légendes ? Annuler l'action de Prince Hall en convoquant les noms de Nathan Bedford Forrest (1821-1877), ancien général sudiste, membre fondateur du Ku Klux Klan, dont il devient le premier Grand Sorcier, reçu franc-maçon à Memphis, en parfaite connaissance de cause ? Ou encore celui d'Albert Pike (1809-1891), figure emblématique de la maçonnerie américaine et mondiale au XIXe siècle, Souverain Grand Commandeur de la juridiction Sud du Rite Écossais Ancien et Accepté, dont la statue a récemment été déboulonnée à Washington, mais dont la franc-maçonnerie noire américaine n'a jamais osé attaquer la mémoire

1. Victor Schoelcher, *Histoire de l'esclavage pendant les deux dernières années*, Paris, Pagnerre, 1847, p. 173-174.

tant il a symbolisé l'ethos du rite le plus pratiqué au monde ? De même, peut-on opposer au souvenir de l'œuvre de Schoelcher, le fait qu'en plein siècle des Lumières, un franc-maçon réputé libéral comme Louis-Henri-Marthe marquis de Gouy d'Arsy (1753-1794), vénérable de la loge parisienne aristocratique la *Candeur*, qui avait proposé d'armer un navire de ligne, *Le Franc-maçon*, pour contribuer à l'effort de guerre français aux côtés des *Insurgents* américains, demande, comme membre du Comité colonial de France, une lettre de cachet contre la Société des amis des Noirs où les francs-maçons sont pourtant nombreux ? Dans un domaine aussi sensible tant sur le plan historique que sur celui des mémoires communautaires, faire la part des vérités et des légendes est absolument nécessaire pour éviter toute instrumentalisation de l'histoire dans une vulgate officielle pour ou contre l'engagement de l'ordre maçonnique contre la traite puis dans le combat pour l'abolition de l'esclavage.

Piliers de l'ordre colonial

Considérer la franc-maçonnerie des Antilles françaises comme périphérique dans le développement de l'Art Royal au XVIIIe siècle serait une grossière erreur. En effet, non seulement les premières loges s'y installent précocement, mais surtout elles représentent des formes de sociabilité particulièrement actives, qui s'adressent tant aux « habitants », c'est-à-dire aux planteurs et à leurs familles, qu'aux officiers civils et militaires de la Couronne, ou aux représentants du négoce. À la fin de l'Ancien Régime, la densité maçonnique est l'une des plus élevées du royaume. On compte, par exemple, à la Guadeloupe onze loges entre 1770 et 1848, et plus d'un millier de membres distribués équitablement entre l'avant et l'après-1789.

Les loges ont leurs députés près le Grand Orient, mais surtout leurs membres ont de nombreuses relations personnelles avec les ateliers métropolitains, sur la côte atlantique bien sûr mais aussi à Paris et dans les grandes villes de l'intérieur. Les francs-maçons des îles à sucre les visitent quand ils séjournent en métropole, leur confient leurs intérêts et leurs jeunes parents partis se former en France. Ils poussent aussi leurs intérêts de planteurs à travers différents leviers et relais d'influence auprès des ministres de Louis XVI et de leurs bureaux, puis auprès de l'Assemblée constituante entre 1789 et 1791.

La franc-maçonnerie participe aux intenses circulations transatlantiques du XVIIIe siècle. L'espace caraïbe, à travers notamment la figure d'Étienne Morin (1717-1771, où il meurt à Kingston à la Jamaïque), devient le laboratoire de la maçonnerie dite « de Perfection », dont les grades d'élus, sans doute originaires d'outre-Manche, lui parviennent *via* Paris puis Bordeaux, où ils se sont développés. Elle s'y structure en vingt-cinq degrés et s'enrichit, avant de passer dans les colonies britanniques d'Amérique du Nord, notamment à Charleston, d'où dans les toutes premières années du XIXe siècle, elle repart avec Alexandre de Grasse-Tilly (1765-1845) vers la métropole. Au terme d'un demi-siècle de circulations transatlantiques, le Rite Écossais Ancien et Accepté, en trente-trois degrés, naît. Il est aujourd'hui le plus largement diffusé au monde.

À ce contexte maçonnique, s'ajoute un contexte social très spécifique. Les îles à sucre, comme on les nomme, mais qui produisent aussi café, indigo et coton, sont consacrées à l'économie de plantation. Leurs sociétés esclavagistes sont marquées par le déséquilibre entre les blancs et les esclaves. Affranchis et métis, ceux qu'on nomme « libres de couleur », sont quant à eux durablement marqués par le maintien des préjugés de couleur, y compris sous la Révolution. Si la question de la présence sur les colonnes d'esclaves ne se pose bien sûr pas, les loges se considèrent comme des piliers de l'ordre colonial et se montrent très hostiles par principe à la réception de libres de couleur. Elles y voient le risque d'une confusion et d'un abaissement des barrières discriminatoires. Pour la même raison, elles s'attaquent aux francs-maçons coupables de s'unir avec des femmes libres de couleur. Les témoignages sont nombreux, et on constate que lorsqu'une loge veut disqualifier un atelier rival, elle dénonce les « mésalliances » de certains de ses membres. À Saint-Domingue, en 1775, le frère Lamarque l'Américain, député de nombreuses loges coloniales ou portuaires près le Grand Orient, recommande à la Chambre des provinces « d'écrire à cette loge [la *Vérité*] de la porter à veiller strictement sur l'admission de frères qui seraient convaincus de mariage de sang-mêlé ». La loge plie et s'engage à ne plus « admettre dans notre Ordre que des *hommes intacts* ».

De son côté, le vénérable de *La Paix*, à Pointe-à-Pitre, explique à l'obédience le point de vue des « habitants », et lui fait même la leçon : « De tels soi-disant maçons... sont souvent dans le cas de vivre avec des hommes qui, comme Caïn, portent sur leur front un signe de réprobation. L'on distingue dans les colonies Blancs et sang-mêlé. [...] Ces distinctions ne sont pas également suivies en France, elles sont devenues ici, indispensables. L'Expérience nous a convaincus dans cette colonie même que des hommes semblables à ceux que nous refusons de reconnaître pour frères – les membres de la *Parfaite Égalité* qui demandent leur constitution par le Grand Orient – se sont avilis au point d'admettre aux grades de la maçonnerie, et de communiquer avec ces êtres que la politique de l'État et leur origine ont dévoués à l'avilissement de leur première constitution. »

En métropole, les textes qui émanent du Grand Orient prouvent que les combats de la Société des amis des Noirs ne restent pas sans écho. Une prise de conscience s'esquisse. Limitée à la question de la traite, elle n'aborde pas encore frontalement l'esclavage et son abolition. Lorsque l'*Indulgente Amitié*, à Barbezieux, interroge le Grand Orient sur la réponse à donner à deux « sang-mêlé », l'obédience lui répond à la fois sur le plan légal et sur le plan philosophique : « En France tout est libre[2] et par cette seule raison on ne peut objecter aux candidats proposés la condition de leur mère. Quand la Maçonnerie n'aurait que le seul avantage de *rapprocher l'homme de son semblable*, sous cet aspect elle serait la société la plus désirable et la plus digne d'être recherchée. [...] Il n'existe aucun règlement qui exclue ceux qui se trouvent dans le même cas que ces Américains ; et s'il en fallait faire un au sujet des habitants des colonies, ce règlement devrait aller au-devant de tous ceux d'entre eux qui se distinguent par leur amour pour l'humanité et par leurs qualités sociales et maçonniques. »

Malgré le développement d'une conception philanthropique de la franc-maçonnerie qui trouve la bienfaisance des loges trop timide, il ne faut pas oublier que des négociants par ailleurs francs-maçons ont continué d'être actifs dans la traite transatlan-

2. En référence à l'interdiction de l'esclavage sur le territoire métropolitain.

tique pendant toute la période. Par ailleurs, cette évolution est souvent contrebalancée, au sein des instances dirigeantes de l'obédience, par les tenants de l'ordre colonial et des intérêts des « habitants ». Le magistrat créole Médéric Louis Élie Moreau de Saint-Méry (1750-1819) l'illustre parfaitement. Membre influent de nombreuses loges de Saint-Domingue, au Cap et aux Cayes notamment, mais aussi à Paris (les *Cœurs simples de l'Étoile Polaire*), il fonde le Comité colonial en 1788 puis le Club Massiac l'année suivante et lutte activement pour limiter les droits politiques des libres de couleur. Invoquant « l'impérieuse nécessité de protéger et de garantir ouvertement désormais l'existence des colons, parce que la crainte de perdre à chaque instant sa fortune et sa vie ne peut être la perspective continuelle d'hommes, dont l'attachement et l'industrie ont été si utiles à ce royaume et auxquels l'avenir ne présenterait plus que des tableaux ensanglantés », il propose que « l'Assemblée nationale décrète, article constitutionnel, qu'aucune loi sur l'état des esclaves dans les colonies de l'Amérique ne pourra être faite par le Corps législatif que sur la demande formelle et spontanée de leurs assemblées coloniales ». Après que Moreau de Saint-Méry a accepté de remplacer « esclaves » par « non libres », la Constituante vote l'article et constitutionnalise l'esclavage. En 1806, il devient vénérable de l'emblématique loge parisienne des *Neuf Sœurs*, dont les feux ont alors été rallumés, puis grand officier d'honneur du Grand Orient en

1810. Entre-temps, l'esclavage a été aboli par la Convention le 4 février 1794 puis rétabli en 1802, tandis que Saint-Domingue, à l'issue d'une féroce guerre d'indépendance, devient Haïti le 1er janvier 1804.

À la Guadeloupe, il faut attendre 1835 pour que la loge des *Disciples d'Hiram* composée d'hommes de couleur et d'abolitionnistes allume ses feux. Le processus d'installation traîne en longueur pendant plus de dix ans. Dans son *Histoire de l'esclavage pendant les deux dernières années* publiée à Paris en 1847, Victor Schoelcher dénonce la connivence entre le maire, le gouverneur et le Grand Orient pour interdire une loge de mulâtres et d'insister sur la mauvaise foi des acteurs. On comprend donc, dans ces conditions, qu'il ait cherché hors des obédiences les soutiens à l'abolition de l'esclavage. À l'opposé de son obédience prudente et d'une direction encore conservatrice, il est manifestement resté attaché à la conception militante de la maçonnerie de sa jeunesse. Celle-ci se traduit par son affiliation à une loge républicaine, *La Clémente Amitié*, en février 1844. Or la loge est dénoncée par le préfet de police au Grand Orient en juillet 1844 pour agitation politique. Schoelcher est radié comme une quinzaine d'autres membres. Il continue cependant à garder des liens avec ses frères : en 1848, son ancienne loge initie le député noir Louisy Mathieu (1817-1894), alors que Schœlcher, élu à la fois à la Guadeloupe et à la Martinique, opte pour cette dernière, lui libérant le siège de la Guadeloupe. Mais il devait constater que les loges antiesclavagistes demeuraient très minoritaires et isolées dans leur combat.

Les loges de Prince Hall et l'émancipation des noirs aux États-Unis

Aux États-Unis, le nombre d'esclaves s'accroît considérablement entre 1790 et 1860, passant de 700 000 à 4 millions. Mais le déséquilibre est très marqué entre les États du Nord et ceux du Sud, dont l'économie de plantation mobilise l'essentiel de la main-d'œuvre servile. Ici aussi, ce contexte esclavagiste compte beaucoup. C'est au Nord qu'un libre de couleur, affranchi par son propriétaire quaker William Hall – les Quakers sont hostiles à l'esclavage –, Prince Hall, est reçu franc-maçon dans une loge militaire de l'armée britannique en 1775, alors que les affrontements avec les colons s'étendent. C'est toujours de Londres qu'à Boston, l'*African Lodge* de Prince Hall obtient ses constitutions en 1784 sous le numéro 459. Il ne les reçoit qu'en 1787, mais conserve ensuite de bonnes relations avec la Grande Loge d'Angleterre, qui n'hésite pas à lui confier une enquête sur les loges du Massachusetts, blanches comme noires[3].

---

3. Cécile Révauger, *Noirs et francs-maçons*, Paris, Éditions maçonniques de France, 2003.

En revanche, même dans des États où la main-d'œuvre servile est quasiment inexistante, Prince Hall et ses frères sont en butte aux préjugés de couleur de la part des francs-maçons blancs. On l'observe à la fois dans le champ maçonnique, où leurs loges s'ignorent – la Grande Loge du New Jersey faisant figure d'exception –, et dans le champ de l'éducation, dont Prince Hall fait une priorité, dans la perspective de favoriser l'intégration des libres de couleur dans la société de Nouvelle-Angleterre. Ainsi en 1787, à Boston, alors que les méthodistes s'affirment favorables à l'éducation religieuse des Noirs, ils les empêchent matériellement d'étudier sereinement, conduisant les Noirs à créer la Free African Society ainsi qu'une église méthodiste indépendante : l'Independent Bethel Church, dont le fondateur, Richard Allen (1760-1831), est aussi membre de l'*African Lodge*. Ce séparatisme, contraint ou choisi, est parallèlement une des marques caractéristiques de la franc-maçonnerie aux États-Unis, et ce jusqu'à nos jours. Il est en effet difficile de s'épanouir dans un espace de sociabilité où sa « fraternité » ne serait reconnue que du bout des lèvres. L'entre-soi fraternel l'a donc emporté. Prince Hall a significativement signé la pétition du 14 janvier 1787 en vue d'obtenir de la Chambre des représentants du Massachusetts une aide financière pour la fondation d'une colonie africaine en Sierra Leone. L'année suivante, le 27 février 1788, Prince Hall et ses « frères » maçons adressent une nouvelle pétition au Sénat et à la Chambre des représentants du Massachusetts : « Les signataires ci-dessous s'inquiètent à juste titre du traitement inhumain et cruel infligé récemment à trois de nos frères, citoyens libres de la ville de Boston. Le capitaine, sous prétexte que son vaisseau était en perdition près d'une île au large du port, après les avoir incités à monter sur son navire, les mit aux fers et les enleva à leurs femmes et à leurs enfants pour les vendre comme esclaves. »

La loge joue un rôle fédérateur en mettant en contact les loges noires entre elles, puis devient une authentique Grande Loge, en accordant des constitutions aux nouveaux ateliers, à l'instar de la loge de Philadelphie qui en fait la demande le 2 mars 1797. La distance avec Londres, les retards répétés de paiement des capitations, ont fini par distendre les liens avec l'Angleterre et conduit la maçonnerie de Prince Hall à s'affirmer comme puissance fédératrice.

Au cours du premier tiers du XIXe siècle, la pression sur la traite d'abord, puis sur l'esclavage s'accroît considérablement, y compris dans les rangs de la Grande Loge unie d'Angleterre. Londres abolit la première en 1807, puis le second en 1833, et s'attaque au trafic négrier dans l'Atlantique. En Amérique, les membres de la maçonnerie de Prince Hall s'engagent eux aussi activement dans la lutte en faveur de l'abolition. Reçu le 28 juillet 1826 à l'*African Lodge* de Boston, David

Walker (1769-1830) lance en 1829 son *Appeal to the Colored Citizens of the World.* Lewis Hayden (1811-1889) est grand maître de Prince Hall pour le Massachusetts. Ami du gouverneur abolitionniste de l'État, il anime l'Underground Railroad Network, le célèbre réseau de soutien aux esclaves du Sud en fuite, en vue de leur exfiltration vers le Nord. En 1847, la Grande Loge unie d'Angleterre modifie ses Constitutions sur un point crucial, en remplaçant « *born free* », qui empêchait théoriquement tout affranchi de rejoindre régulièrement les colonnes d'une loge, par « *free* ». Pour autant, malgré le choix par les loges de Prince Hall d'une fidélité sourcilleuse aux principes de la maçonnerie régulière, notamment concernant l'immortalité de l'âme, l'obligation de croire en Dieu et le refus de recevoir des femmes sur les colonnes – des sociétés paramaçonniques leur étant réservées –, elles sont tenues à distance par les grandes loges blanches, qui les ignorent plus qu'elles ne les combattent, mais rappellent ce qu'écrivait Schoelcher en 1846 : « Il n'y a de frères que selon l'épiderme. »

15

Les francs-maçons britanniques sont-ils tombés sous le coup de la loi contre les serments secrets ?

En 2018, la presse britannique révèle que deux loges maçonniques travaillent activement à Westminster, cœur de la vie politique anglaise, pour permettre aux journalistes et aux parlementaires francs-maçons de se retrouver et d'échanger en toute confidentialité. L'émoi est palpable. La secrétaire générale du Syndicat national des journalistes estime que « la transparence de l'appartenance à la franc-maçonnerie n'a que trop tardé » et soutient la déclaration par les journalistes et les députés de leur appartenance à l'ordre dans « leur registre d'intérêts » lorsqu'ils travaillent au Parlement. Sarah Wollaston, députée conservatrice à la Chambre des communes, interpelle, quant à elle, directement l'opinion *via* les réseaux sociaux : « On peut se demander pourquoi quelqu'un s'embarrasserait de tout ce blabla (*sic*) si ce n'est pour avoir la possibilité d'obtenir un avantage injuste. Alors, bien sûr, il devrait être obligatoire de déclarer son appartenance à la franc-maçonnerie si votre travail est payé par les contribuables. » Une éditorialiste du *Guardian*, quotidien classé à gauche, enfonce le clou dans un article daté du 5 février 2018 : « Pour beaucoup, la franc-maçonnerie est un club d'hommes du XVIIIe siècle, avec tabliers et poignées de main risibles. C'est une bonne chose pour les francs-maçons eux-mêmes, mais une erreur de notre part. […] Dans le passé, il est arrivé que des criminels partagent leur loge avec des officiers de police chargés d'enquêter. »

Deux décennies plus tôt, l'*establishment* maçonnique avait déjà été secoué par les attaques portées contre lui par Jack Straw, membre du cabinet néo-travailliste de Tony Blair, ministre de l'Intérieur de 1997 à 2000 puis ministre des Affaires étrangères, lors de la participation britannique aux côtés des États-Unis à l'invasion de l'Irak après les attentats du 11 septembre 2001. La Grande Loge unie d'Angleterre appartient au sens propre à l'*establishment,* car c'est la Grande Loge établie, de la même manière que l'Église d'Angleterre est l'Église établie. Son grand maître est un membre de la famille royale, le duc de Kent. En 1998, Straw se dit favorable à une loi qui ordonnerait aux francs-maçons fonctionnaires de justice et de police de déclarer volontairement leur appartenance à la franc-maçonnerie, aux futurs magistrats d'en recevoir l'obligation et aux obédiences de faire connaître les listes de leurs membres. Il s'appuie pour ce faire sur un rapport du comité des affaires intérieures du Parlement daté de 1997. La politique du ministre de Tony Blair est alors influencée par une accumulation d'affaires individuelles où des francs-maçons auraient bénéficié de protections de la part de juges et de policiers francs-maçons. Les tabloïdes anglais s'en délectent et tirent à boulet rouge sur l'*establishment*. Straw obtient gain de cause au Parlement, et sa loi entre en vigueur. Deux ans plus tard, preuve que l'émotion n'est pas retombée, le *Literary Supplement* du *Times* titre encore, le 14 janvier 2000 : « Pourquoi sont-ils persécutés ? »

Peut-on voir, lire et comprendre la suspicion dont les frères britanniques font l'objet au XXIe siècle à la lumière d'un chapitre méconnu de l'histoire de la franc-maçonnerie à l'âge des révolutions et de la peur de la subversion jacobine, lorsque les autorités craignaient un débarquement français en Irlande en soutien aux républicains et, partout en Grande-Bretagne, un soulèvement des radicaux ?

L'*Habeas Corpus* suspendu

Le contexte politique est inflammable en Grande-Bretagne dans les années 1790. Les radicaux sont particulièrement actifs et correspondent avec les clubs de jacobins en France et avec les patriotes en Europe du Nord-Ouest. Les troubles sociaux sont fréquents, et les *Seditious Meetings Act* et *Combination Act* interdisent les rassemblements et les coalitions ouvrières. À partir de 1794 et jusqu'en 1801, l'*Habeas Corpus*, symbole des libertés anglaises depuis le XVIIe siècle, est suspendu. La dégradation des relations internationales entretient également une atmosphère anxiogène. Le 1er février 1793, Paris a déclaré la guerre à Londres, qui organise la riposte en préparant une coalition européenne contre la France révolutionnaire. L'Irlande inquiète d'autant plus qu'opprimée depuis Cromwell, elle pourrait se tourner vers les Français, dont on craint les tentatives de débarquement. En 1797, les victoires de Bonaparte en Italie conduisent l'Autriche à signer la paix et isolent l'Angleterre.

C'est alors que le naturaliste John Robison (1739-1805), très conservateur sur le plan politique, publie ses *Preuves d'une conspiration contre toutes les religions et les gouvernements d'Europe fomentée dans les assemblées secrètes des francs-maçons, illuminés et les sociétés de lecture, obtenues de bonnes sources* (*Proofs of a Conspiracy*) où il incrimine pêle-mêle *illuminati*, francs-maçons et radicaux. L'écho au Parlement est immédiat. L'*Unlawful Oaths Act*, « loi sur les serments illégaux », est adopté afin d'interdire toute coalition radicale ou clandestine dont les membres seraient unis entre eux par un serment. Les sociétés politiques radicales sont particulièrement visées, mais à ce stade, les francs-maçons ne sont pas inquiétés. Malgré l'entrée en vigueur de cette loi et le renforcement des dispositifs de surveillance et de coercition, les autorités britanniques ne se tranquillisent pas pour autant. En 1798, les Français débarquent en Irlande, tandis que les républicains se soulèvent. Bonaparte part, de son côté, pour l'Égypte et nourrit le projet de couper la route des Indes. Des dénonciations anonymes ou signées parviennent au cabinet du Premier ministre William Pitt le Jeune (1759-1806). Elles visent notamment la « classe inférieure des francs-maçons » (*lower class of freemasons*) que certains dénonciateurs se proposent même d'infiltrer pour révéler leurs relations coupables avec la France révolutionnaire et les Irlandais. Pour le Cabinet, il est donc nécessaire de durcir la loi. Ce sera la « loi pour la suppression radicale (*most effectual suppression*) des sociétés établies dans un but de sédition et de trahison, et pour une meilleure prévention des pratiques de trahison et de sédition ». Lors de sa discussion, Pitt dramatise volontairement les enjeux : il s'agit de « la plus importante lutte que nous ayons jamais entreprise contre l'esprit funeste et sans repos du jacobinisme, qui prend de nouvelles formes et dissimule ses objectifs destructeurs et diaboliques sous de nouvelles formes et de nouvelles pratiques ». Le Premier ministre brosse le portrait type d'une société subversive : ses membres sont liés par un engagement illégal de fidélité mutuelle et de secret ; ils tiennent secrètes les procédures de recrutement des membres. À sa tête se trouve une direction clandestine dont les simples adhérents ignorent l'existence et les projets criminels qu'elle prépare. À ce titre, pour Pitt, la *London Corresponding Society*, les *United Englishmen, Scotsmen, Irishmen*, et *Britons* doivent être déclarés confédération illégale (« *unlawful confederacy* ») et proscrits. Mais, il élargit le champ d'application de la loi à « toute société dont les membres sont requis de prêter un serment d'engagement ». Désormais, toute nouvelle adhésion devra avoir lieu lors d'une réunion publique.

L'Art Royal peut-il tomber sous le coup de la loi ?

Les grandes loges anglaises comprennent immédiatement la menace qui pèse sur leur existence même. Leur secret, à caractère initiatique, sans le moindre caractère politique, est potentiellement amalgamé au secret cherchant à masquer les entreprises subversives des sociétés radicales pour lesquelles elles n'ont que mépris. Mais tout aussi grave, le principe même de la clôture du temple et du secret de l'initiation partagée risque d'être profané. Une réaction s'impose ; aussi les deux grands maîtres – le comte de Moira, *Acting Grand Master* (grand maître exécutif) pour les Modernes et le duc d'Atholl pour les Anciens – viennent-ils plaider le 2 mai 1799 leur cause auprès de Pitt, qui se montre plutôt réceptif. À l'issue de la rencontre, les Anciens décident la suspension immédiate de toute procession maçonnique publique et de toute assemblée maçonnique particulière, sous quelque motif que ce soit. Il est spécifié que, dès la fin des travaux, une loge doit se disperser et tenir fermé son lieu de réunion. Le 6 mai, le duc d'Atholl lui-même préside la *Grand Lodge of Emergency* (*sic*), qui entérine ces mesures. Ce n'est pas un hasard si la Grande Loge des Anciens est la plus prompte à réduire drastiquement son activité. Dès sa création, en 1751, elle a, en effet, accueilli de nombreux Irlandais, qui en raison de leur origine et de leur extraction sociale nettement inférieure à celle des Modernes – qui, en dépit de son appellation, était la plus ancienne des deux grandes loges, puisqu'elle a été créée en 1717 –, ont vu leurs candidatures rejetées par l'autre obédience. La Grande Loge des Anciens, qui a connu un indéniable succès, a par ailleurs gardé des liens importants avec la franc-maçonnerie irlandaise, qui la reconnaît. Le contexte de suspicion généralisée envers les *United Irishmen* et leurs frères anglais et écossais, l'existence de lettres de dénonciation de la collusion entre loges d'artisans et mouvements républicains, ont clairement poussé le duc d'Atholl à réagir sans délai.

Pitt est rassuré et propose lui-même les amendements qui visent à exclure la franc-maçonnerie du champ de la loi. Chaque loge tiendra un registre à disposition des autorités locales, et chaque franc-maçon lors de sa réception jurera qu'« il est sincèrement attaché à la Constitution, au gouvernement de ce royaume par le roi, les Lords et les Communes, comme la loi l'établit ». Le Premier ministre se dit confiant sur les capacités des grandes loges établies à organiser leur propre police. Mais c'est précisément cette relation spéciale avec l'*establishement* qui, en 1799 comme en 1998 ou en 2018, fait débat et divise jusqu'au sein du Cabinet.

À la Chambre des lords, le débat est ouvert par le *Foreign Secretary*, lord Grenville (1759-1834), c'est-à-dire par un membre du gouvernement de Pitt en charge des relations extérieures. Pour lui, les amendements introduisent une « anomalie juridique ». Mais Jacob Pleydell-Bouverie, deuxième comte de Radnor (1750-1828), est beaucoup plus offensif. Il s'appuie sur les *Proofs of a Conspiracy* du « très érudit Professeur » Robison pour refuser toute dérogation à la franc-maçonnerie. Certains observateurs sont cependant dubitatifs concernant les « preuves » avancées par le savant écossais, et Robison doit reconnaître les limites de son travail : « J'ai effectivement dit cela, mais je n'ai pas les preuves formelles de ce que j'avance. » Pour autant, le mal est fait, la suspicion est entrée sur les bancs des assemblées, dans les rédactions et les colonnes des journaux. Elle reviendra périodiquement, comme les articles du *Guardian* en 2018 le montrent.

Membre de la Chambre des lords, le duc d'Atholl doit à nouveau, cette fois ès qualités parlementaires, monter au créneau. Il atteste de la loyauté, de l'innocence de ses frères, du caractère charitable et bienfaisant de leur ordre. Il finit par accepter le compromis de lord Grenville pour éviter l'adoption de l'amendement du comte de Radnor : les déclarations des loges auprès des juges de paix sont renforcées, précisées et faites directement par leurs secrétaires après des juges de paix, sans vérification, filtrage ou quelconque intervention des obédiences. Toute mention des grandes loges et de leurs grands secrétaires est supprimée : elles n'ont donc plus de fonction de police reconnue en droit. À ces conditions, les loges ne sont pas considérées comme des sociétés secrètes à caractère subversif. Mais cette exemption ne bénéficie qu'aux loges existantes ; de fait, toute fondation nouvelle est interdite. La loi est finalement adoptée le 12 juillet 1799. Elle ne sera abrogée qu'en 1967… On aurait donc tort de croire les grandes loges britanniques à l'abri des attaques, protégées par leur appartenance revendiquée à l'*establishment*.

16

Napoléon Ier a-t-il créé un empire maçonnique ?

En 1809, une *Carte maçonnique de l'empire français et de toutes les dépendances du Grand-Orient de France* est publiée. Elle montre l'étendue des fondations maçonniques dans les frontières du Premier Empire. Parallèlement, les loges sont nombreuses à chanter les louanges de l'empereur : « Qu'il vive à jamais, ce Patron/ Que l'univers entier révère !/ Cet immortel est franc-maçon/ Ce grand monarque est notre frère », chante ainsi le colonel Jubé de la 29e légion de gendarmerie lors de l'installation de la loge *Elisa* – en l'honneur d'une des sœurs de Napoléon –, à Florence, en janvier 1811. Le Grand Orient de France connaît un exceptionnel développement numérique qui épouse la croissance de l'Empire français : de moins de cent loges en 1800 à près de 200 en 1804 et près de 900 en 1813.

Son organisation doit beaucoup à Jean-Jacques Régis Cambacérès (1753-1824). Entre 1806 et 1811, le grand maître adjoint du Grand Orient de France détient une collection de titres qui montre à la fois le foisonnement de l'arbre maçonnique, mais surtout sa réunion sous la houlette du deuxième personnage de l'Empire. Il est « Très Puissant Souverain Grand Commandeur du Suprême Conseil de France », « Grand Maître d'honneur du Rite Hérodom », « Grand Maître du Rite Écossais Philosophique », « Grand Maître du Rite Primitif de Narbonne », « Grand Maître du Rite Rectifié et de l'Ordre des Chevaliers Bienfaisants de la Cité Sainte », « Grand Maître du Directoire d'Auvergne », « Grand Maître du Directoire de Septimanie » et président du Grand Consistoire. La Grande Armée n'est pas en reste, puisque quatorze des dix-huit premiers maréchaux sont francs-maçons ; les frères de l'Empereur non plus avec Joseph (1768-1844), grand maître en 1804, Jérôme (1784-1860) et Louis (1778-1846), ou son beau-frère Joachim Murat (1767-1815), roi de Naples, grand maître adjoint. Était-il dès lors nécessaire que l'Empereur fût lui-même initié ? Sa réception entre les colonnes d'une loge de rite écossais lors de la campagne d'Égypte réunit beaucoup de suffrages parmi les historiens de l'ordre comme du Premier Empire. L'hypothèse est séduisante, compte tenu de l'importance prise par la maçonnerie d'inspiration égyptienne depuis les années 1780. Pour autant, il n'en existe pas de preuve directe, la prudence semble donc s'imposer. Elle n'a pas empêché la légende napoléonienne d'intégrer un volumineux chapitre maçonnique au point de construire le mythe d'un Empire maçonnique.

Une incontestable puissance maçonnique

Plusieurs dizaines de loges choisissent des noms qui témoignent directement de leur allégeance non seulement à l'Empire, mais aussi à la personne même du souverain. Citons, parmi un grand nombre d'exemples : *Napoléon* de Livourne, *Saint-Napoléon du Nord* à Gand, *Saint-Napoléon* à Gênes, *Napoléomagne* à Toulouse, *Saint-Joseph Napoléon* à Deux-Ponts, *Les Amis de Napoléon-le-Grand* à Alexandria en Piémont, *Napoléon et Joséphine des Amis Réunis* à Mayence, ou encore le *Berceau du Roi de Rome* à La Haye. Ces ateliers réunissent de nombreux représentants des autorités civiles et militaires, notamment, au niveau des départements, le préfet, le secrétaire général de préfecture, les maires et les représentants « des plus imposés du département » qui forment le vivier de notables où le régime puise ses représentants. Ils font de la franc-maçonnerie une des masses de granite de l'Empire.

Dans les royaumes vassaux, frères et parents de l'Empereur mènent une active politique maçonnique. C'est particulièrement vrai dans l'Allemagne rhénane ou dans le royaume de Naples, où les loges avaient abrité à la fin du XVIIIe siècle une élite patriote sensible aux idéaux émancipateurs des Lumières radicales, puis de la Révolution française. Après l'effacement du Saint Empire romain germanique en 1806, le grand-duché de Bade et le royaume de Westphalie se voient attribuer un rôle moteur dans la réorganisation politique de l'espace germanique voulue par Napoléon Ier. Celle-ci a son pendant maçonnique avec le Grand Orient de Bade fondé à Mannheim en 1804 et surtout le Grand Orient de Westphalie créé en 1808. Jérôme, frère de l'Empereur, est roi de Westphalie depuis l'année précédente sous le nom de Jérôme-Napoléon Ier (règne 1807-1813). Reçu franc-maçon en 1801 à Toulon au sein de la loge *La Paix*, il charge le juriste aixois puis conseiller d'État Joseph Jérôme comte Siméon (1749-1802), son ministre de l'Intérieur et de la Justice, par ailleurs ancien garde des Sceaux du Grand Orient de France, de créer la nouvelle obédience nationale, à partir de la loge *À la Fidélité* sise à Cassel, qui troque opportunément son nom pour celui de *Jérôme Napoléon à La Fidélité*.

À Naples, la loge *Joseph le Juste* dispute à *Joseph de la Concorde* et à *La Constellation Napoléon* le concours des démonstrations les plus enamourées du culte impérial rendu sur les colonnes : « Napoléon, ce philosophe divin, a paru sur le trône de France et d'Italie et soudain la Maçonnerie a recouvré dans ses États fortunés toute la splendeur qui lui était due. Le Royaume de Naples, patrie de la Maçonnerie italienne, avait plus que tout autre pays retenti des coups terribles et sacrilèges portés par le fanatisme au saint ordre maçonnique : il fumait du pur sang des francs-maçons lorsque le bras vengeur de Napoléon atteignit les coupables. » La déclaration est intéressante, car elle fait référence à la persécution subie par les francs-maçons et les patriotes napolitains après la fin de la République parthénopéenne et du Triennio (1796-1799).

Les loges militaires, particulièrement actives au XVIIIe siècle, connaissent un essor remarquable en raison non seulement des campagnes, mais aussi du volume des troupes sous les drapeaux. La vie de garnison est propice au développement d'une sociabilité maçonnique, dont les mémoires des anciens de la Grande Armée portent témoignage. On lit ainsi sous la plume d'un jeune officier, Elzéar Blaze (1788-1848) : « S'il existait une loge de francs-maçons, nous nous y présentions en masse, ou bien nous en formions une à nous tout seuls. [...] À Stettin, presque tous les profanes virent la lumière. Français et Prussiens, nous étions les meilleurs amis du monde, sauf à nous tirer des coups de canon, aussitôt que l'occasion s'en présenterait, ce qui n'a pas manqué d'arriver plus tard. Tous les quinze jours, on se réunissait, on ne parlait jamais politique, et tout se passait fort bien[1]. »

1. Elzéar Blaze, *La Vie militaire sous le Premier Empire ou mœurs de garnison, du bivouac et de la caserne*, Paris, 1837, p. 234.

Peut-on pour autant en déduire que l'instrumentalisation de la franc-maçonnerie est totale et que Napoléon a créé un Empire maçonnique ? Dans l'affirmative, pourquoi l'Empereur a-t-il demandé aux préfets d'enquêter en 1811 sur les loges maçonniques, comme ils étaient chargés de le faire à fréquence régulière concernant les notables de leur département et sur l'ensemble des formes d'association ? À Aurillac, la loge a pris le nom d'*Amis du Gouvernement*. Mais cela n'empêche pas le préfet du Cantal, plus soupçonneux que ses collègues il faut le reconnaître, d'indiquer lors de l'enquête de 1811 : « Je ne puis me défendre de penser qu'on n'y respecte pas assez le gouvernement et que les grandes vues politiques qui font l'admiration de l'Europe et le bonheur de l'Empire français y trouvent souvent des censeurs. » La question mérite donc qu'on aille au-delà de la célébration de la gloire maçonnique de l'Empire.

Napoléon n'a pas inventé la maçonnerie d'État

Si la réception de Napoléon Bonaparte dans l'ordre maçonnique ne fait pas consensus, en revanche il est clair qu'il n'a pas fondé de maçonnerie d'État, mais adopté une politique qui peut être observée en Prusse sous Frédéric II (règne 1740-1786) ou en Suède depuis Adolphe

Frédéric (règne 1751-1771) et Gustave III (règne 1771-1792). Frédéric de Prusse est initié lorsqu'il est prince héritier. Lorsqu'il monte sur le trône, il n'est plus personnellement actif sur les colonnes, mais y place son frère Henri, ses cousins, et fait savoir aux grandes loges de ses États qu'il leur accorde son patronage et sa protection. Est-on si éloigné de ce qu'envisageait Alexandre-Louis Roëttiers de Montaleau (1748-1808) lorsqu'il voulait recréer la dignité de grand maître du Grand Orient de France ? Il écrivait en 1804 à Masséna : « La maçonnerie a besoin d'un chef illustre. Cette institution ancienne d'amitié et de bienfaisance fait le bonheur de ceux qui y sont admis. Elle a besoin de protection, mais elle ne la désire que dans la proportion de son dévouement aux lois et aux gouvernements dans les États où elle est tolérée. Ce sentiment intime lui fait désirer d'avoir un grand maître digne d'une association aussi intéressante. Elle ne peut prétendre à Napoléon Bonaparte, mais le plus cher de tous ses vœux serait que ce nom chéri devînt le cri de ralliement de la famille maçonnique. » Faute d'avoir obtenu de Napoléon qu'il préside lui-même aux destinées du Grand Orient, l'obédience réussit à ce que son frère aîné Joseph en prenne la tête et que son cadet Louis devienne grand maître adjoint.

Napoléon Ier n'innove donc pas, mais il a comme d'autres souverains l'intelligence politique de protéger l'ordre, de l'utiliser comme espace de cohésion pour ses soutiens et de mettre à profit l'organisation en réseau des obédiences pour mailler le territoire. Lorsqu'il ne réussit pas à fusionner toutes les obédiences et sensibilités maçonniques au sein du seul Grand Orient de France, Napoléon pousse en 1804 à la signature du concordat entre le Grand Orient de France et la Grande Loge générale écossaise, un terme qui donne le sentiment d'une quasi-institutionnalisation de la franc-maçonnerie, qu'on retrouve aussi en Prusse ou même en Angleterre.

À travers tout l'Empire, les loges maçonniques font assaut de démonstrations d'allégeance à l'Empereur et choisissent, on l'a dit, des noms qui en attestent. Mais là encore, de nombreux précédents existent. À Arras, une loge choisit en 1783 de s'appeler *Sophie-Madeleine reine de Suède,* en l'honneur de l'épouse de Gustave III, tandis qu'une loge de Paris décide en 1777, sous Louis XVI, d'honorer *Marie-Caroline reine de Naples,* une profane mais sœur de Marie-Antoinette, pour son soutien aux francs-maçons de son royaume persécutés par le ministre Tanucci. Le choix de la loge parisienne d'origine danoise, la *Réunion des Étrangers,* de prendre en 1810 le nom de *Marie-Louise,* du nom de la nouvelle impératrice des Français, s'inscrit dans cette tendance lourde. À Anvers, le choix de la loge de s'appeler *Saint-Napoléon,* au moment où le port flamand reprend grâce à l'arsenal une activité honorable relativement à son rang passé, s'explique donc, sans qu'il faille en surestimer la portée.

C'est dans ce contexte européen qu'il faut replacer la fameuse citation de Portalis (1746-1807), ministre des Cultes, faute de quoi on risque le contresens : « Il a été infiniment sage de diriger les sociétés maçonniques, puisqu'on ne pouvait les proscrire. Le vrai moyen de les empêcher de dégénérer en assemblées illicites et funestes a été de leur accorder une protection tacite, en les laissant présider par les premiers dignitaires de l'État[2]. » Portalis est lui-même franc-maçon, mais il reprend ici les explications données à l'évêque de Liège – dont les États sous l'Ancien Régime ont connu une importante activité maçonnique sous la protection du prince évêque François-Charles de Velbrück (règne 1772-1784), soutien des Lumières et lui-même franc-maçon. Il veut le rassurer sur la politique française : la protection est la meilleure garantie d'un contrôle efficace. Mais une autorisation tacite n'est pas un blanc-seing. Elle contraint les francs-maçons à se montrer non seulement loyaux, mais aussi à devancer les attentes des autorités afin d'en conserver les faveurs.

---

2. La lettre du 27 janvier 1807 adressée à l'Empereur est reproduite dans François Collaveri, *La Franc-maçonnerie des Bonaparte*, *op. cit.*, p. 307-308.

Les fragilités d'une masse de granite

Les professions de foi napoléoniennes des francs-maçons sont fragiles et n'offrent aucune garantie contre de brusques revirements lorsque l'Empire reflue à partir de 1813. Les déconvenues de la loge *Les Amis du Roi de Rome et de Napoléon* sise à Ljubljana, dans les marches illyriennes de l'Empire, sont de ce point de vue édifiantes. La loge se fait d'abord tancer par le Grand Orient, pour qui tous les sujets de l'Empereur sont naturellement unis de cœur avec lui, il n'y aurait donc pas à distinguer les « amis de l'Empire », ce qui supposerait que tous les Illyriens ne le sont pas. Il est demandé à la loge de changer de titre distinctif. Mais les frères, qui ne sont pas dupes de l'étendue réelle des soutiens à l'Empire parmi les nouveaux sujets, interpellent Paris : « Le titre vous paraît inconvenant ? Vous raisonnez en Français, environnés de la gloire de l'empereur et qui voyez tous les jours les assurances de l'amour qu'on lui porte. Ici, nous sommes au milieu de peuples qui, pénétrés d'admiration pour le héros qui les a vaincus, balancent encore entre le sentiment d'étonnement que leur causent des faits mémorables et l'attachement qu'ils portent – les Allemands surtout – à leur ancien souverain. On doit combattre ce sentiment en leur inspirant pour l'Empereur l'amour que tous les Français ont pour lui et le titre que nous avons choisi nous a semblé propre à faire connaître cet amour et à électriser les âmes. Des vues politiques ont donc, d'accord avec nos cœurs, contribué à nous faire adopter ce titre. » De fait, après la chute de l'Empire, la plupart des souverains continentaux interdiront ou contrôleront très étroitement la franc-maçonnerie et veilleront à ce que les francs-maçons les plus attachés à l'Empire napoléonien disparaissent des cadres. Lors de l'inauguration de la loge de Cracovie, Xavier Kossecki qualifiait Napoléon de « régent du Grand Architecte de l'Univers », mais alors que les troupes quittent Varsovie, le Grand Orient de Pologne est contraint de déclarer le 30 janvier 1813 qu'il y suspend ses activités. Pire, en 1821, alors que la politique réactionnaire de la Sainte-Alliance se déploie, le tsar Alexandre Ier (règne 1801-1825) est destinataire d'un rapport où l'on peut lire que « la Maçonnerie peut être considérée comme la source et la mère de toutes les organisations secrètes. Ces organisations se constituent sur son modèle et se cachent sous sa protection. Il est donc de la plus haute importance de prendre toutes les mesures nécessaires vis-à-vis des loges existant sur le royaume de Pologne ainsi que dans les provinces polonaises de l'Empire ». Le couperet tombe.

Mais même pendant l'époque où l'Empire est conquérant, il ne faut pas imaginer que l'ensemble des obédiences préexistantes ou nouvellement créées se soumettent facilement à la loi française. Le cas des anciennes Provinces-Unies, devenues République batave sous le Directoire, puis royaume de Hollande de 1806 à 1810, est révélateur. Les relations maçonniques avec la France y sont anciennes, mais la Grande Loge des sept provinces réunies des Pays-Bas a une histoire ancienne, antérieure même à la fondation du Grand Orient de France, et n'entend pas effacer cet illustre passé au profit d'une relation exclusive et, pour tout dire, étouffante avec Paris, tant elle serait asymétrique. La Grande Loge des Provinces-Unies a été, en effet, fondée en 1735 et reconnue par la Grande Loge d'Angleterre en 1770. Certes, elle est devenue Grand Orient de la République batave à l'époque de la Grande Nation. Mais ses membres n'étaient pas unanimes à accueillir les Français en libérateurs.

En 1806, Napoléon Ier crée le royaume de Hollande confié à son frère Louis. Mais il lui reproche de trop privilégier les intérêts de ses sujets hollandais. Malgré l'abdication de Louis au profit de son fils, Napoléon Ier décide d'annexer le royaume de Hollande en 1810. Mais le Grand Orient de Hollande n'a pas l'intention de disparaître sans résister. C'est le principe d'une seule grande loge nationale par État, souveraine dans son ressort identifié aux frontières politiques, qui fait ici problème. Si le royaume de Hollande disparaît comme entité politique souveraine et est désormais incorporé à l'Empire français, alors le Grand Orient de Hollande doit disparaître.

La Haye proteste en dénonçant le strict alignement de la carte maçonnique sur la carte politique européenne, et les conséquences de l'instabilité des frontières et des régimes politiques sur la concorde maçonnique : « S'il était vrai que, de la réunion du territoire hollandais à l'empire français, il devait s'ensuivre nécessairement que le Grand Orient de Hollande dût cesser d'exister, l'ordre des francs-maçons deviendrait soumis à une influence politique qui, selon nous, est tout à fait étrangère à sa nature ; et comment serait-il possible que notre Ordre qui, dans le but sacré qu'il se propose, défend absolument de s'immiscer avec la politique ou d'agiter des questions qui en ressortent, renfermât précisément une pareille défense, le germe d'un assujettissement aux formes que la politique pourrait prendre ? » L'argument des Hollandais, largement partagé en Europe, y compris en France dans les métropoles provinciales qui refusaient la centralisation parisienne bien avant la Révolution, a sa légitimité. Comment un ordre maçonnique peut-il s'organiser sur la base d'un principe profane tout en se revendiquant d'un cosmopolitisme transnational ? Sur le terrain, les francs-maçons néerlandais boudent les loges françaises, qui, de ce fait, ne peuvent s'implanter solidement : neuf loges sur quatre-vingts relèvent du Grand Orient de France contre soixante et onze du Grand Orient de Hollande. Les francs-maçons français de la loge *Saint-Napoléon*, sise à La Haye, dont le maréchal

Oudinot (1767-1847), duc de Reggio, est vénérable d'honneur, font l'amère expérience de cette résistance d'une vieille puissance maçonnique : « Leur motif de nous taxer d'irrégularité est essentiellement fondé sur ce qu'ils s'imaginent ne devoir reconnaître aucune loge qui n'ait été reconnue par leur Grand Orient de La Haye. Nous concevons que cette raison était valable avant la réunion de la Hollande à la France, mais depuis que la Hollande est devenue un des départements français, il ne peut exister en Hollande d'autre Grand Orient que celui de France. »

À l'inverse, lorsque le Grand Orient de France décide de créer des grands orients nationaux pour rester fidèle à sa politique d'une obédience par État, il défend les intérêts de ses protégés. C'est le cas de la Pologne, dont Napoléon favorise la résurrection sur la carte politique continentale par la création du duché de Varsovie après le traité de Tilsit (1807) signé par Napoléon avec le tsar Alexandre Ier (1777-1825, règne 1801-1825). Le Grand Orient national du duché de Varsovie voit donc le jour avant de devenir avec la campagne de Russie le Grand Orient de Pologne le 24 août 1812. Aussi, lorsqu'à Bromberg, une loge de « toutes armes » sollicite sa constitution en *Loge de la Grande Armée en Pologne*, parce que de nombreux civils polonais se pressent aux portes de son temple pour s'y faire initier, Paris lui demande de se faire constituer par le Grand Orient polonais.

Au total, ces constructions sont fragiles, parce qu'elles sont très liées au sort des armes de l'Empire. Les résistances ouvertes se taisent quand l'Empire est conquérant, au profit d'une résistance passive ou d'une attitude attentiste. Mais que le sort des armes tourne après la bataille dite des Nations à Leipzig (16-19 octobre 1813), alors les effectifs s'effondrent. Il faut reconnaître que le manque de diplomatie de certains généraux de Napoléon combiné aux maladresses du Grand Orient de France ont parfois braqué les frères européens. C'est le cas au Portugal, où le général Junot (1771-1813), duc d'Abrantès, après avoir proclamé la déchéance de la maison de Bragance et la vacance du trône de Portugal, essaye de prendre la grande maîtrise du Grand Orient de Portugal, compromettant en outre les francs-maçons portugais – bien malgré eux – et les exposant à une violente politique réactionnaire dès l'évacuation précipitée des troupes françaises. En France même, après la première abdication de Napoléon ou après les Cent-Jours, les loges maçonniques qui souhaitent se maintenir ont tôt fait de se rallier et de remplacer le buste de Napoléon par celui de Louis XVIII.

17

Existe-t-il des loges politiques secrètes ?

Des *Carbonari* au scandale de la *Propaganda Due* (P2) en Italie, en passant par les *Caballeros Racionales* (« Chevaliers de la Raison ») des indépendances sud-américaines, la franc-maçonnerie a été très fréquemment associée aux XIXe et XXe siècles à de vastes entreprises de subversion politique. Elle en a subi de plein fouet les conséquences sous la forme de descentes de police répétées, de divulgation publique des noms de ses membres, de dissolution forcée de certains ateliers voire d'obédiences tout entières. Plus généralement, son image auprès de l'opinion publique en a été durablement affectée. À chaque fois, sont mises en cause des loges politiques secrètes, dont la grande majorité des francs-maçons ignoreraient jusqu'à l'existence, qui parasiteraient la Fraternité pour préparer des conspirations, officiellement incompatibles avec la philosophie de l'ordre maçonnique. C'est donc la nature de la sociabilité maçonnique, associant liens de solidarité fraternelle et respect du secret, qui est mise en cause : la « loge » serait une structure particulièrement adaptée pour dissimuler des entreprises subversives issues de l'ensemble du spectre politique. Dès lors, s'agit-il de « loges politiques secrètes » à proprement parler ou de sociétés secrètes organisées ou déguisées en loges ? L'existence de ces loges secrètes relève-t-elle du fantasme ou est-elle accréditée par des archives internes authentifiées ?

Jeunesses libérales à l'ombre de la franc-maçonnerie

Avec l'effondrement de l'Empire napoléonien et la Restauration des Bourbons, l'audience des écrits contre-révolutionnaires qui stigmatisaient les loges maçonniques est démultipliée. Les effectifs refluent très fortement. Bien au-delà de la Terreur blanche, c'est la principale menace existentielle qui pèse sur la franc-maçonnerie. L'ordre doit faire assaut de démonstrations d'allégeance au régime et convaincre les préfets de l'innocence de ses assemblées. Élie duc de Decazes (1780-1860), ministre de l'Intérieur puis président du Conseil, y contribue fortement jusqu'en 1821. En effet, franc-maçon sous l'Empire au sein de la loge *Anacréon*, il a une carrière maçonnique de première importance au sein du Suprême Conseil, dont il deviendra Souverain Grand Commandeur, mais à l'écart du Grand Orient qui est jaloux de l'indépendance des « Écossais ». Dans une majorité des cas, passé l'orage, et malgré ponctuellement des tensions avec les autorités locales, cette entreprise de tranquillisation du pouvoir politique réussit. En revanche, elle est très mal vécue par une petite minorité de frères, soit républicains soit bonapartistes, qui ne veulent pas abandonner les colonnes ni taire leur hostilité au régime des Bourbons. C'est dans ce contexte difficile qu'une nouvelle génération, composée souvent d'étudiants, décide d'investir le champ de la sociabilité maçonnique. Il s'agit d'une poignée de loges, mais qui feront d'autant plus parler d'elles qu'elles inaugurent une conception engagée de la Fraternité et qu'elles font écho aux attaques contre-révolutionnaires et antiphilosophiques du XVIIIe siècle : derrière les portes de temples se dissimulent des loges « secrètes » comme autant de conventicules où les conspirateurs machinent leurs projets subversifs contre l'ordre politique et social restauré.

La loge des *Amis de la Vérité* aurait été fondée en 1818 par trois étudiants déjà affiliés à l'ordre et un quatrième qu'ils initient. Son titre distinctif renvoie moins à l'académie de recherches maçonniques des Philalèthes fondée par Savalette de Langes à la fin du XVIIIe siècle qu'au club révolutionnaire du même nom. Elle est suivie des *Amis de l'Armorique,* dont les premières traces documentaires remontent à 1820.

En juin 1820, la mort de l'étudiant Nicolas Lallemand donne à la jeunesse libérale du Quartier latin son martyr. Avec une police politique très active et surveillant particulièrement les étudiants, le risque d'être infiltré est grand. La plupart des conspirations libérales échouent pour cette raison au cours du premier tiers du XIXe siècle. On comprend donc que ces deux ateliers n'aient pas d'emblée sollicité leur constitution officielle par le Grand Orient de France, d'autant que leur projet est loin de la régularité maçonnique. La demande de reconnaissance des *Amis de la Vérité* ne survient qu'en mai 1821 et fait l'objet de nombreuses réticences de la part de l'obédience, qui n'est pas naïve au point d'ignorer complètement ce que les travaux abritent.

Entre-temps, la dissidence politique et les entreprises clandestines de leurs membres ont renforcé les liens entre les deux loges étudiantes. Aussi le règlement intérieur des *Amis de la Vérité* stipule-t-il que « dans les tenues, il ne fait aucune différence entre les frères de l'Armorique et ceux des Amis de la Vérité ». La croissance des effectifs met cependant en péril cette structure inédite de contestation politique. Les *Amis de la Vérité* auraient compté jusqu'à quatre cents étudiants. Les deux loges s'organisent paramilitairement et fournissent les effectifs des Compagnies franches des Écoles à l'initiative de Nicolas Joubert (1796-1866). Ils participent à la préparation de la conspiration du 19 août 1820, dite « du Bazard français », comme l'ensemble des oppositions au régime, des anciens de la Grande Armée aux jeunes étudiants libéraux. Elle échoue, mais l'exil de Nicolas Joubert et de Pierre Dugied à Naples les amènent à découvrir l'héritage d'une franc-maçonnerie – très minoritaire – portée à travers les Philadelphes – qui tentent sous l'impulsion de Friedrich Münter (1761-1830) de relancer l'ordre des *Illuminaten* – vers l'organisation clandestine dès la fin des années 1780, puis mobilisée dans les rangs des patriotes du *Triennio* (1796-1799) contre les Bourbons de Naples. Surtout, ils sont entrés en contact avec la *Carboneria*, dont la création remonte au règne de Murat, beau-frère de Napoléon, sous la protection de ministres de la Police de formation jacobine et aux idéaux républicains, comme Saliceti et Maghella. Après la défaite des Napolitains vaincus par les Autrichiens en 1821, ils rentrent en France avec, dans leurs bagages, les statuts mais aussi les schémas organisationnels des *Carbonari* qu'ils adaptent au contexte français pour créer la Charbonnerie. Mais le mouvement est plus complexe, car la *Carboneria* a elle-même emprunté ses rituels de premier degré aux Bons Cousins Charbonniers des forêts du Jura, association à caractère initiatique et solidaire où se retrouvent des charbonniers et fendeurs – des opératifs donc – et des non-opératifs davantage tournés vers la pratique des secours mutuels et de la philanthropie. Elle doit notamment cet emprunt à Pierre-Joseph Briot (1771-1827), natif du Doubs, député au Conseil des Cinq-Cents (1798), actif à Naples sous l'Empire. La proximité du vocabulaire employé par Bons Cousins Charbonniers, *Carbonari* et francs-maçons, comme la pratique d'un rituel d'agrégation par les pairs sont indiscutables. Le calendrier symbolique a aussi son importance. Chez les Bons Cousins Charbonniers, l'année débute le 1er mars, à la fête de saint Théobald. De son côté, la *Carboneria* fait référence à la fondation du royaume d'Italie le 17 mars 1805. Quant au Grand Orient d'Italie, il a été fondé en juin 1805 à Milan, mais sur la base de lettres patentes du Suprême Conseil du Rite Écossais Ancien et Accepté datées elles aussi de mars 1805, le 5. Donc, derrière la commune référence au mois de mars, voire pour les *Carbonari* et les membres du Grand Orient d'Italie à la même année 1805, il y a en réalité trois commémorations distinctes.

De même, on enregistre un nombre indéterminé de doubles appartenances individuelles, de la base au sommet si l'on songe à La Fayette (1757-1834), devenu à la fin de sa vie une icône du libéralisme international. Pour autant, la charbonnerie a son propre agenda politique, et amalgame son propre corpus de références. La franc-maçonnerie ne s'y dissout pas. De leur côté, les autorités ont, au contraire, tout intérêt à les rapprocher pour justifier leur surveillance généralisée. Mais en relayant un discours de type conspirationniste, elles se convainquent aussi de l'existence de loges politiques secrètes et donnent aux réseaux conspirateurs libéraux une extension qu'ils ont rarement. La conséquence en est forte. En 1821, la totalité des États pré-unitaires de la Péninsule interdisent la franc-maçonnerie, et le Grand Orient d'Italie n'est finalement reconstitué qu'en 1859. Il n'est donc pas un acteur direct du *Risorgimento,* et c'est hors de la Péninsule et, le plus souvent, en exil que ceux des partisans de l'unité qui font le choix d'entrer en maçonnerie découvrent les colonnes, à l'instar de Giuseppe Garibaldi (1807-1882), reçu franc-maçon à Montevideo en 1844. Sa désignation comme grand maître en 1864 a conduit rétrospectivement à escamoter des décennies de mises en sommeil des loges et à gommer le caractère complexe des parcours individuels et des échanges entre des sociétés trop rapidement qualifiées de para-maçonniques.

« Loges » secrètes *Lautaro* et *Libertadores*

La situation est similaire dans l'Amérique espagnole, autre pôle majeur d'agitation libérale au début du XIXe siècle. Dans la genèse des indépendances et la rupture avec l'Europe de la Restauration sont convoquées aussi bien les circulations révolutionnaires transatlantiques que l'action déterminée de francs-maçons réunis en loges « secrètes ». La réalité est différente, mais l'impact de ces représentations est tel, jusqu'à nos jours, que le mythe a fini par se substituer aux faits historiques et, pour ce qui concerne l'histoire de la franc-maçonnerie, à en changer le cours.

La légende raconte que de 1797 à 1810, Francisco de Miranda (1749-1816), le « précurseur » des indépendances, aurait reçu comme francs-maçons une génération entière de *Libertadores* latino-américains originaires du Chili, d'Argentine et du Venezuela dans sa « loge » de Londres connue sous le nom de *Gran Reunión Americana* ou de *Sociedad de Caballeros Racionales* et qui se serait réunie de 1802 à 1810 à son domicile de Grafton Street. Ces patriotes auraient ensuite diffusé la franc-maçonnerie dans des loges *Lautaro* – du nom d'un chef amérindien qui résista victorieusement à l'implantation espagnole au Chili en 1554 –, d'abord à Cadix puis à Buenos Aires, Mendoza, ou encore Santiago. Ces loges patriotes auraient joué un rôle majeur dans les luttes émancipatrices. Il en résulte que la franc-maçonnerie est à la fois l'incubateur et l'agent transmetteur des indépendances sud-américaines. La propension des autorités espagnoles à articuler discours antiphilosophiques et contre-révolutionnaires ainsi qu'à redouter la diffusion transatlantique des écrits révolutionnaires français fait aussi beaucoup pour accréditer l'idée d'une vaste entreprise de subversion, dont la mise en œuvre aurait été confiée à des « sociétés secrètes » qui amalgament la peur que suscitent les clubs de jacobins et les loges maçonniques.

Or, si Miranda fait figure de précurseur des indépendances, son appartenance à la franc-maçonnerie n'est, en revanche, nullement assurée. Les archives maçonniques britanniques ne conservent aucune trace d'une éventuelle affiliation de Miranda, qui a au total vécu plus d'une décennie outre-Manche, alors même qu'un autre exilé célèbre, Pasquale Paoli, a non seulement fréquenté les loges anglaises, mais est devenu un symbole. Lorsque Miranda voyage en Scandinavie, il confie à son *Journal* – un océan documentaire publié dans l'entre-deux-guerres par l'Académie nationale du Venezuela sous la forme de vingt-quatre volumes – les récits de ses différentes rencontres avec des francs-maçons ou des institutions philanthropiques qu'ils ont créées, tel l'orphelinat de Stockholm en octobre 1787 ou, le mois suivant, à Christiania, actuelle Oslo. Mais il le fait toujours en profane, qui ne connaît manifestement qu'imparfaitement le lexique maçonnique, dans un contexte culturel et institutionnel très particulier. En Suède comme au Danemark, la franc-maçonnerie est en effet, depuis le mitan du XVIIIe siècle, directement liée à la Couronne et a pignon sur rue. L'appellation « loges » *Lautaro* pour désigner des sociétés secrètes conspiratives est donc à l'origine de nombreuses erreurs.

A contrario, l'appartenance à la franc-maçonnerie de Simón Bolívar (1783-1830) est, elle, prouvée, notamment par un document daté du 11 janvier 1806, et émanant de la loge parisienne *Saint-Alexandre d'Écosse*. Mais significativement, il n'apparaît pas sur les colonnes des loges créées lors des indépendances au Venezuela, en Grande Colombie ou en Équateur. Mieux, après un complot avorté en novembre 1828, il interdit aussi bien les sociétés secrètes que la franc-maçonnerie. C'est donc plutôt du côté de sociétés secrètes d'inspiration libérale et désireuses de renverser l'ordre colonial qu'il faut chercher l'origine des « loges » *Lautaro* : les *Caballeros Racionales* (« Chevaliers de la raison »). José de San Martín (1778-1850) – dont l'appartenance à la franc-maçonnerie n'a jamais été prouvée – a, par exemple, été reçu parmi les *Caballeros Racionales* à Cadix, avant de fonder avec un autre membre des *Caballeros Racionales*, Carlos María de Alvear, la « loge » *Lautaro* de Buenos Aires, puis celle de Santiago. Et c'est précisément en raison de leurs connexions réelles ou supposées au sein d'une internationale libérale symbolisée par la Vente Suprême de la Charbonnerie avec Lafayette, et les Hauts Ventes nationales, que les dirigeants des anciens et des nouveaux régimes prennent peur à l'instar de Bolívar et frappent les uns et les autres d'interdiction.

Propaganda Due (P2)

Le XXe siècle aussi s'interroge sur l'existence de loges politiques secrètes. Le grand public a ainsi découvert l'existence de la loge « secrète » P2 le 17 mars 1981 lorsque deux magistrats et des carabiniers perquisitionnant chez l'industriel italien Licio Gelli (1919-2015), son vénérable maître, dans le cadre d'une affaire d'exportation illégale de capitaux vers l'étranger, découvrent une liste de 962 membres d'une loge du Grand Orient d'Italie, *P2* (« Propagande deux »), parmi lesquels trois ministres, les chefs de l'ensemble des services secrets civils et militaires italiens, 208 officiers, 18 hauts magistrats, 49 banquiers, 120 entrepreneurs, 44 parlementaires ou encore 27 journalistes. Sans compter près de deux cents lingots d'or. Tous les éléments d'un formidable scénario de manipulation politique et institutionnelle semblent réunis. Le séisme politique est immédiat. Le président du Conseil est contraint à la démission, le Parlement met sur pied une commission d'enquête et vote en janvier 1982 la dissolution de la P2. De par ses ramifications internationales, *via* le trafic d'armes, mais aussi l'héritage fasciste en Italie et en Amérique latine, les scandales financiers qui éclaboussent alors le Vatican, l'affaire prend très vite une dimension internationale. Jusqu'en juillet 1984, la commission parlementaire démonte les rouages de la P2, livrant au total 115 volumes de travaux, pour estimer, selon les propres mots de la présidente de la commission parlementaire, que P2 n'a pas été véritablement démantelée malgré sa dissolution.

Lorsque s'ouvre, en janvier 1987, le procès de l'attentat de la gare de Bologne le 2 août 1980, où 85 personnes ont perdu la vie, la justice italienne déclare encore : « Il s'est créé en Italie un pouvoir invisible qui, grâce à ses liens avec la criminalité organisée, le terrorisme, des milieux politico-militaires, certains secteurs des services secrets et la franc-maçonnerie, et par sa capacité à les mettre en corrélation, est parvenu à une capacité de contrôle des mécanismes institutionnels au point de devenir un État dans l'État. » Dans le registre de la fiction cinématographique, le troisième volet du *Parrain* (1990), réalisé par Francis Ford Coppola, fait lui aussi directement référence à la loge P2, supposée tirer les fils de toutes les manipulations criminelles auxquelles est confronté un Michael Corleone vieillissant. Mais de découvertes en révélations fracassantes alimentées par Licio Gelli lui-même, les entreprises subversives de la P2 de ses affidés occupent le devant de la scène politique et médiatique pendant plusieurs décennies.

Le scandale de la P2 a ébranlé la démocratie italienne en dévoilant la « stratégie de la tension » orchestrée secrètement au cours des « années de plomb » (des années 1970 au début des années 1980). Cette stratégie vise à organiser ou à laisser organiser des attentats aux deux extrémités du spectre politique, afin de justifier en retour un renforcement sans précédent des organes de sécurité et une plus grande coercition. Le compromis historique entre le Parti communiste italien et la Démocratie chrétienne est particulièrement visé, car il est inacceptable pour les intérêts représentés au sein de la P2. Mais aux yeux du public, en Italie comme en Europe, cette succession de révélations a un effet dévastateur pour l'image de la franc-maçonnerie. Le Grand Orient d'Italie, reconnu internationalement comme l'obédience historique et régulière dans la Péninsule, est non seulement sommé de communiquer à la justice les identités de ses 27 000 membres, mais aussi de s'expliquer sur la manière dont il a laissé se développer en son sein pendant de nombreuses années – la P2 a été créée en 1944 – et hors de tout contrôle, une loge « secrète » forte de centaines de membres – donc bien au-delà des effectifs habituels –, présents dans tous les centres de décision et réunis autour d'un agenda politique secret que Gelli, devenu particulièrement bavard mais toujours aussi manipulateur, ne craint pas de dévoiler à plusieurs reprises à un public stupéfait.

L'exclusion de Licio Gelli du Grand Orient en Italie en octobre 1981 ne saurait, bien évidemment, suffire à éteindre l'incendie et à dédouaner l'obédience de toute responsabilité. Le *Plan* de

Gelli prévoit, en effet, l'évolution de la république italienne vers une république présidentielle, l'élection du président du Conseil par la seule Chambre des députés, la transformation du Sénat en une chambre de représentants d'intérêts, la réforme de la magistrature, la division des syndicats, une réduction drastique du droit de grève, des réformes de la fiscalité, de l'enseignement, et une restructuration complète des secteurs des médias. L'intéressé se fait, quant à lui, appeler le marionnettiste, tandis que Bettino Craxi (1934-2000), le sulfureux président du Conseil socialiste lui-même mort en exil en Tunisie, le surnomme Belphégor. Tout un programme donc.

L'histoire personnelle de Gelli – d'autant qu'il traverse le siècle –, ses engagements et ses agissements jettent une lumière crue sur l'Italie des années fascistes, les débuts de la guerre froide et la guerre secrète menée par les services de renseignement occidentaux contre les agents réels ou supposés de l'influence soviétique en Europe et dans le monde. Le fait que la franc-maçonnerie y soit mêlée dit aussi ses interactions fonctionnelles mais parfois idéologiques avec ces combats. Lors de la montée des fascismes, le jeune Gelli s'engage dans les unités italiennes envoyées par Mussolini combattre aux côtés de Franco. Il suivra le *Duce* jusqu'à la République de Salo. Après guerre, le puissant Parti communiste italien inquiète tout particulièrement les États-Unis dans la perspective d'un affrontement entre les deux grands et leurs blocs d'influence respectifs. Gelli noue alors de solides et durables relations avec les représentants du Vatican particulièrement engagés dans la lutte anticommuniste, mais aussi en Argentine, aussi bien sous Perón (1895-1974) que sous la dictature militaire (1976-1983).

Parallèlement, il se lance avec succès dans les affaires, profitant de la remarquable croissance économique de l'Italie d'après guerre, le fameux « miracle italien ». La notoriété aidant, le grand maître Giordano Gamberini confie à Gelli l'animation de la loge *Propaganda Due*, recréée en 1944. S'il s'agit donc bien d'une loge régulièrement constituée, elle n'est absolument pas une loge ordinaire, et le choix d'en confier le maillet à Gelli n'est pas du tout neutre. P2 reprend en effet l'héritage d'une première loge, *Propaganda massonica*, créée en 1877 pour accueillir des figures de premier plan de la vie publique dont l'identité ne serait connue que du grand maître. Il s'agit clairement ici d'une stratégie d'influence et d'un mode de fonctionnement qui contrevient à la règle maçonnique.

Dans l'immédiat, l'entregent et le dynamisme de Gelli font merveille, et les effectifs de P2 grimpent rapidement. Gelli a les mains libres, mais le Grand Orient d'Italie y trouve également son compte, puisque de grandes manœuvres maçonniques sont organisées qui débouchent en septembre 1972 sur sa reconnaissance par la Grande Loge Unie d'Angleterre et ses sœurs régulières. Ce graal maçonnique particulièrement recherché rompt avec la tradition progressiste et anticléricale de la franc-maçonnerie italienne de la fin du XIXe siècle. Gelli et les membres de P2 préparent à partir d'août 1975 le *Schema di massima per un risanamento generale del Paese*, pour « Schéma d'ensemble pour assainir globalement le pays ». On le rapprochera du *Proceso de Reorganizacion Nacional* (« Processus de réorganisation nationale ») du général Videla en Argentine en 1976.

On comprend dès lors pourquoi, après les révélations des années 1980-1990, le Grand Orient d'Italie, et au-delà la franc-maçonnerie elle-même, aura tout un travail de reconstruction, y compris morale, à faire. Jusqu'à sa mort survenue en 2015, Gelli entretient le mythe de la P2 et de ses entreprises d'influence que le quotidien *La Repubblica* résume d'une phrase au lendemain du décès du marionnettiste : « De la tentative de coup d'État du prince Junio Valerio Borghèse – en 1970 –, il n'y a pas un épisode de l'édification tourmentée de notre fragile démocratie qui ne soit pas marqué par Licio Gelli. »

Plus globalement, l'affaire de la P2 témoigne de l'existence de loges « secrètes » qui n'ont de maçonniques que le nom et l'apparence, mais qui ont trouvé dans l'ordre un espace discret d'entre-soi où s'exprime la solidarité des puissants autour d'agendas convergents et d'ambitions spécifiques. Les divulgations dans l'espace public nuisent, bien sûr, à la franc-maçonnerie parce qu'elles crédibilisent un discours aussi ancien que l'ordre lui-même, qui estime que le secret de l'initiation sur lequel il est construit masque en réalité des agissements dangereux que les « frères » cherchent à protéger à tout prix.

18

Les francs-maçons du Grand Orient de France ont-ils renoncé au Grand Architecte de l'Univers en 1877 ?

L'article premier de la Constitution adoptée par le Grand Orient de France en 1849, donc sous la IIe République, stipule que « la Franc-Maçonnerie, institution essentiellement philanthropique, philosophique et progressive a pour base l'existence de Dieu et l'immortalité de l'âme ; elle a pour objet l'exercice de la bienfaisance, l'étude de la morale universelle, des sciences et des arts, et la pratique de toutes les vertus. Sa devise a été de tout temps : Liberté, Égalité, Fraternité. » Une première mise à jour, souvent oubliée, a lieu en 1865, dans le contexte politique de l'Empire libéral, qui permet davantage de débats dans la sphère maçonnique comme dans le reste de la société. Elle ajoute, à l'immortalité de l'âme, la solidarité humaine, et conclut l'article par la phrase : « Elle regarde la liberté de conscience comme un droit propre à chaque homme et n'exclut personne pour ses croyances. » De 1872 à 1882, le Grand Orient est présidé par Antoine de Saint-Jean (1809-1882), médecin spiritualiste et libéral, dont la prudence et la modération sont précieuses alors que la IIIe République peine à s'établir et que, malgré les victoires électorales des républicains, les forces qui leur sont hostiles sont très actives dans le jeu politique.

GADLU *or not* GADLU

Une première offensive a lieu lors du convent – l'assemblée générale de tous les délégués des loges de l'obédience, qui élit le Conseil de l'ordre et son président – du 11 septembre 1876. La proposition de supprimer la référence à Dieu et à l'immortalité de l'âme est portée par les loges *La Fraternité Progressive* de Villefranche-sur-Saône et *L'Avenir* de Paris. Le rapporteur craint que cette rupture cause « une agitation violente », renforce les adversaires de la franc-maçonnerie et heurte « les habitudes ». À l'issue du vote, la proposition est rejetée d'une courte majorité et renvoyée à l'étude des loges. Mais l'orateur du convent se montre favorable à la proposition, estimant que « supprimer une affirmation » n'est pas « produire l'affirmation contraire ». Rien n'est donc définitivement arrêté, et la proposition revient à l'ordre du jour du convent de l'année suivante.

À l'issue du convent de septembre 1877, l'article premier est réécrit comme suit : « La franc-maçonnerie, institution essentiellement philanthropique, philosophique et progressive, a pour objet la recherche de la vérité, l'étude de la morale universelle, des sciences et des arts, et la bienfaisance. Elle a pour principes la liberté absolue de conscience et la liberté humaine. Elle a pour devise : Liberté, Égalité, Fraternité. » La question paraît donc tranchée, le principe de la liberté absolue de conscience a remplacé la référence à l'existence de Dieu et à l'immortalité de l'âme. Principale obédience maçonnique française, le Grand Orient de France a-t-il pour autant chassé le Grand Architecte de l'Univers du temple de la Fraternité ? À Dublin, la Grande Loge d'Irlande répond sans délai et sans nuance en rompant dès octobre 1877 ses relations avec Paris. Édimbourg lui emboîte le pas en novembre. À Londres, la Grande Loge unie d'Angleterre, autoproclamée gardienne de l'orthodoxie maçonnique, nommée « régularité », semble également convaincue. En mars 1878, elle décide en effet qu'elle « ne peut reconnaître comme "vrais et véritables" Frères ceux qui auront été initiés dans des Loges qui nient ou ignorent cette croyance [dans le Grand Architecte] ».

Pourtant, le Grand Orient de France poursuit sa politique d'explication et de clarification des décisions de 1877, notamment en marge de l'Exposition universelle de Paris en 1878, où de nombreuses délégations de francs-maçons sont présentes. En interne, Caubet, secrétaire, explique, lors de la réunion du Conseil de l'ordre du 28 octobre 1878, que la suppression « n'implique pas d'en faire usage et que les loges qui le souhaitent, quel que soit le rite qu'elles pratiquent, peuvent donc continuer de travailler à la Gloire du Grand Architecte de l'Univers ». Il est approuvé à l'unanimité du Conseil. Mais sur le plan des relations internationales de l'obédience française, le trouble est manifeste. On décide de maintenir l'invocation au Grand Architecte sur les courriers diplomatiques officiels pour un temps, mais cela ne suffit pas. Il faut donc expliquer la portée de la décision du convent :

> Le Grand Orient de France n'a pas aboli la formule maçonnique, "À la gloire du Grand Architecte de l'Univers", comme vous paraissez le penser – écrit-il à la Grande Loge Unie d'Angleterre –, et a encore moins fait profession d'athéisme. Il a purement et simplement proclamé, dans son assemblée générale de septembre 1877, une absolue liberté de conscience comme étant le droit de tout homme, et, en plus de l'expression de cette liberté de conscience, il a retiré de sa Constitution une formule dogmatique, qui paraissait être, pour

> la grande majorité des membres, en contradiction avec la liberté de conscience. En modifiant un article de ses statuts, le Grand Orient de France n'a aucunement eu l'intention de professer l'athéisme ou le matérialisme, ce qui me semble-t-il a été compris. Aucune altération n'a été apportée ni dans les principes ni dans la pratique de la Maçonnerie ; la Franc-maçonnerie française demeure ce qu'elle a toujours été, une confrérie tolérante et fraternelle.

Le dossier mérite donc d'être instruit à nouveaux frais, d'autant qu'il est à l'origine de la fracture entre maçonnerie régulière, d'une part, et maçonnerie adogmatique ou libérale de l'autre, qui concerne l'ensemble des obédiences à travers le monde.

Rupture ou retour aux origines de 1723 ?

On observera tout d'abord que le Grand Orient de France n'est pas la seule obédience à s'être saisie de la question de l'obligation de croire en Dieu et de l'inscription des travaux maçonniques sous les auspices du Grand Architecte de l'Univers. En 1872, le Grand Orient de Belgique supprime l'obligation de son invocation après quatre ans de débats. En France, lors du convent de 1877, c'est un pasteur protestant libéral, Frédéric Desmons (1832-1910), qui rapporte favorablement sur la proposition visant à supprimer la référence à Dieu et à l'immortalité de l'âme : « Laissons aux théologiens le soin de discuter les dogmes. Laissons aux Églises autoritaires le soin de formuler leurs syllabus. Mais que la Maçonnerie reste ce qu'elle doit être, c'est-à-dire une institution ouverte à tous les progrès, à toutes les idées morales et élevées, à toutes les aspirations larges et libérales. [...] Qu'elle se garde de vouloir être une Église, un Concile, un Synode ! » La proposition est adoptée, et l'article premier de la Constitution est donc modifié selon les termes indiqués plus haut. Le président du Conseil de l'ordre, de Saint-Jean, toujours soucieux d'apaisement fait ajouter : « Elle n'exclut personne pour ses croyances », avant la dernière phrase : « Elle a pour devise : Liberté, Égalité, Fraternité. » Cet ajout est maintenu jusqu'en 1884, où il est remplacé par : « Considérant les conceptions métaphysiques comme étant du domaine exclusif de l'appréciation individuelle de ses membres, elle se refuse à toute affirmation dogmatique. Elle attache une importance fondamentale à la Laïcité. » Cette dernière formulation est toujours en vigueur aujourd'hui. Il s'agit donc d'une élaboration progressive qui témoigne des évolutions du Grand Orient dans un contexte de républicanisation de la France avec comme vecteur la laïcisation de l'espace public et de l'école.

Fracture entre francs-maçons adogmatiques et « réguliers »

Mais de son côté, la Grande Loge Unie d'Angleterre des années 1870 n'est plus la jeune Grande Loge des années 1717-1723, où le latitudinarisme d'un Isaac Newton (1643-1727) et des *fellows* de la Royal Society recherchait le plus petit commun dénominateur, et se contentait de maintenir hors du temple les athées et les antitrinitaires, estimant que leur radicalité empêchait toute concorde entre les frères relevant de tout le spectre du protestantisme. En 1738, la Grande Loge de Londres s'est rapprochée de l'Église anglicane, et ensuite toujours plus de l'*establishment* social, religieux et politique. Elle a notamment son chapelain, choisi au sein de l'Église établie. À partir de 1809, tout un travail de redéfinition des *landmarks* – les bornes – dont le respect définit le franc-maçon régulier, a lieu. Il débouche en 1813 sur la réunion des deux grandes loges anglaises, celle des Modernes – paradoxalement la plus ancienne – et celle des Anciens, sous l'appellation Grande Loge Unie d'Angleterre. Comme en France, les questions de politique maçonnique et de principes fondateurs sont donc intimement mêlées. Ces *landmarks*, qui ne sont pas seulement des repères mais des bornes, ont une valeur sacrée, en référence aux Écritures

– le Deutéronome 27.17 et le Deutéronome 19.14 interdisant de déplacer les bornes de son voisin.

En 1929, s'appuyant sur les *landmarks*, la Grande Loge Unie d'Angleterre, confrontée au développement de la franc-maçonnerie adogmatique, décide que la régularité d'une obédience est conditionnée par le respect de différentes obligations, parmi lesquelles : « la Croyance au Grand Architecte de l'Univers et en sa volonté révélée », le serment prêté « sur le Livre de la Loi Sacrée ou les yeux fixés sur ce livre ouvert par lequel est exprimée la Révélation d'En-Haut », et le recrutement exclusivement masculin des loges. Le « papisme » n'est donc pas seul à combattre le Grand Orient de France. La Grande Loge Unie voit, elle aussi, d'un œil très désapprobateur l'adogmatisme du Grand Orient et de ceux qui seraient tentés de l'imiter, notamment dans le monde hispanophone.

Une voie étroite

Apporter une réponse nuancée à la question « Les francs-maçons du Grand Orient de France ont-ils renoncé au Grand Architecte de l'Univers en 1877 ? » permet de comprendre à la fois les efforts de dialogue avec les obédiences régulières étrangères – malgré la non-réciprocité, le Grand Orient n'interdit pas ses temples aux frères visiteurs qui en relèvent – et surtout l'existence, entre tensions et apaisement, d'une voie étroite qui, au nom d'un christianisme originel, maintient, notamment avec la pratique du Rite Écossais Rectifié (RER) au sein d'une cinquantaine de loges réunies dans le Prieuré indépendant de France – ou Directoire écossais en référence au XVIIIe siècle –, la pratique d'une maçonnerie spiritualiste d'essence chrétienne, sous l'égide du Grand Orient de France et travaillant à la gloire du Grand Architecte. Les origines de cette voie étroite ont été tracées en 1910 et 1913, par des membres du Grand Orient de France, désireux avec Camille Savoire (1869-1951) et Édouard de Ribaucourt (1865-1936) de créer « un foyer maçonnique qu'ils entendaient soustraire à toute influence politique ». Les obstacles sont cependant très nombreux à cette époque, dans une atmosphère pesante voire délétère, et une scission majoritaire autour de Ribaucourt donne naissance à la Grande Loge nationale indépendante et régulière pour la France et les Colonies françaises en 1913, ancêtre de l'actuelle Grande Loge nationale française (GLNF). La Grande Loge Unie d'Angleterre s'est alors empressée de la reconnaître comme (seule) obédience régulière. Aujourd'hui, l'essentiel des loges pratiquant le RER se rattachent certes à la GLNF, mais elles existent aussi dans d'autres obédiences, et le maintien d'une pratique du RER au sein du Grand Orient témoigne de l'existence de cette voie spiritualiste, en écho au plaidoyer de Camille Savoire dans *Regards sur les temples de la franc-maçonnerie* (1935) : « Personnellement, j'avoue que le libre-penseur et le libre croyant que j'ai toujours été n'a manifesté, en entrant au Rite rectifié, aucune hésitation ni éprouvé aucun scrupule lorsqu'on lui a demandé de déclarer qu'il professait l'esprit du christianisme, surtout lorsque le Grand Prieur a ajouté : "Il s'agit ici de l'esprit du christianisme primitif, résumé dans la maxime : aime ton prochain comme toi-même". »

19

Les francs-maçons ont-ils espionné l'armée ?

Scandale au Palais-Bourbon

Le 4 novembre 1904, éclate à Paris l'affaire des fiches, souvent nommée à l'époque « l'affaire des casseroles ». À l'Assemblée nationale, lors de plusieurs séances de questions au gouvernement, le ministre de la Guerre, le général Louis André (1838-1913), et le chef du gouvernement, Émile Combes (1835-1921), sont violemment pris à partie par le député nationaliste Jean Guyot de Villeneuve (1864-1909), qui les accuse d'avoir fiché des milliers d'officiers de l'Armée française pour bloquer dans leur avancement tous ceux qui ne partagent pas les idées laïques et républicaines militantes. De leur côté, les titres de la presse conservatrice (*Le Figaro* et *Le Matin* notamment) ont préparé le dévoilement de l'affaire en publiant une série de fiches qui auraient été transmises par une source secrète au sein du Grand Orient de France. Devant la représentation nationale, le général André nie en bloc, y compris auprès du président du Conseil. Un autre député nationaliste, Gabriel Syveton (1864-1904), dirigeant de la Ligue de la patrie française, s'approche de lui et le soufflette violemment. Scandale à l'Assemblée. Le 8 décembre 1904, à la veille de comparaître pour agression sur un ministre de la République, le corps de Syveton est retrouvé sans vie. Les nationalistes dénoncent aussitôt un crime maçonnique. Entre-temps, André a entrepris de détruire les fameuses fiches : plus de 18 000, réunies entre le 1er septembre 1901 et le 30 octobre 1903 ! L'étau parlementaire et médiatique se resserre. Le général André rejette l'entière responsabilité de l'entreprise sur le capitaine Mollin (1867-1958), membre de son cabinet militaire et franc-maçon à la différence de son chef, dans le but peu honorable de l'utiliser comme fusible. En vain. Désavoué, André est contraint à la démission, avant que le gouvernement ne doive se retirer à son tour. Un an plus tard, Mollin publie sa propre version de l'affaire dans un livre sobrement intitulé *La Vérité sur l'affaire des fiches*. Il sera bientôt imité par d'autres.

Sur les braises de l'affaire Dreyfus

L'affaire Dreyfus, qui a profondément divisé la France, est encore dans tous les esprits. Elle a débuté dix ans plus tôt, et en 1899 le second procès où de nombreux officiers ont été appelés à témoigner a montré aux élites républicaines que si l'armée n'avait jamais tenté de coup d'État contre le régime, en revanche nombre de cadres militaires lui étaient hostiles. La guerre des deux France – laïque et républicaine, d'une part, cléricale et réactionnaire, de l'autre – ne demande qu'à se rallumer. Les liens entre la franc-maçonnerie et la classe politique de la IIIe République sont exposés au grand jour par une série de fuites que la destruction de la plupart des fiches n'a pu empêcher. Les casserolés, du surnom donné aux officiers fichés et freinés dans leur avancement, demandent réparation sous forme de rattrapage de carrière, de duels ou en portant l'affaire devant la justice. Au-delà des suites médiatiques, politiques et judiciaires, c'est le recours à une association et non à une institution étatique, pour évaluer la fidélité au régime de ses cadres militaires, qui est en cause et qui choque bien au-delà des rangs de la droite nationaliste, y compris parmi les francs-maçons, dont la plupart ignoraient tout de l'existence des fiches. Jean Jaurès et Charles Péguy, qui s'étaient retrouvés autour du dreyfusisme pour des questions morales, se déchirent violemment. Jaurès défend le procédé parce que la défense de la République prime, Péguy le dénonce avec une grande virulence et estime que le soutien de Jaurès le disqualifie moralement.

Alors que le scandale n'en finit pas de rebondir au fil des révélations, la mise en place de cette vaste entreprise de fichage se précise. Son principal protagoniste, le général André, est un polytechnicien, dont le caractère républicain et libre-penseur tranche sur le profil type de l'officier de son temps. Lui-même n'est pas franc-maçon, à la différence d'un nombre important de figures de la Chambre et du gouvernement. Il a déjà une pratique personnelle du système des fiches qu'il répartit en deux fichiers : « Carthage », où sont réunies les fiches de ceux qu'il estime peu favorables au régime républicain, et « Corinthe », où il classe les fiches des officiers qui ont donné des gages de loyauté. Sur la base des informations collectées, il note ses subalternes et favorise ou freine leur inscription au tableau d'avancement. Mais il n'a pas les moyens d'évaluer seul l'ensemble des officiers français, qui sont environ 27 000, il va donc devoir trouver des informateurs et des collaborateurs.

Au-delà de la mise en cause d'un homme, il faut bien comprendre que l'habitude de ficher est ancienne. Sous le Consulat et le Premier Empire, les préfets, les sous-préfets et les secrétaires généraux de préfecture enquêtaient en effet sur l'état de l'opinion dans leurs départements et sur les possibles candidats propres à soutenir la politique de Bonaparte puis de Napoléon, ou dont il convient, au contraire, de se méfier. Les données sont enregistrées dans de grands tableaux dont les synthèses sont transmises au ministère de l'Intérieur. De la même manière, la IIIe République, qui peine à s'installer au cours des années 1870 et qui est encore fragile dans la décennie qui suit, comme en témoigne la crise boulangiste (1885-1889) – du nom du général Boulanger, qui par son charisme et son populisme fédère tous les mécontents et se rêve un destin –, a cherché à républicaniser aussi bien le corps préfectoral, l'éducation – c'est tout l'enjeu de sa laïcisation et de l'engagement de Combes –, que les territoires, en favorisant les relais favorables à la République.

Vigie de la République ou cabinet noir ?

C'est dans cette perspective qu'il faut penser et comprendre – l'historien n'est pas un juge – le choix du général André, à qui Émile Combes, président du Conseil, demande de s'assurer de la loyauté de l'armée et de poursuivre la républicanisation des cadres. De son côté, le conseil de l'ordre du Grand Orient s'impatiente et réclame, lors de son convent de 1899, une républicanisation et une décléricalisation de l'armée. Au niveau local, les loges dénoncent fréquemment par courrier les agents du cléricalisme ou les nostalgiques d'un retour à la monarchie comme de potentiels factieux. Dans le camp d'en face, les cléricaux procèdent de même et s'émeuvent auprès de leurs députés des provocations des « bouffeurs de curés » et du développement de l'athéisme. Les effectifs du Grand Orient comme ceux de la Grande Loge sont en croissance rapide au cours des années 1900. Compte tenu du maillage du territoire qu'offre le Grand Orient de France avec ses loges, qu'on retrouve dans chaque ville de garnison, du régiment au corps d'armée, le général André décide alors de prendre contact au sein du Grand Orient de France avec ceux qui pourront demander aux francs-maçons sur le terrain d'enquêter sur les sympathies républicaines ou, au contraire, sur l'hostilité au régime des cadres militaires – seuls les officiers sont concernés par les fiches. Son interlocuteur est Jean-Baptiste Bidegain (1870-1926), adjoint du secrétaire général du Grand Orient. En 1904, c'est lui la source secrète qui révèle l'existence de cette entreprise d'espionnage systématique du corps des officiers. Bidegain a, en effet, des remords et décide de confesser son erreur. Confession immédiatement mise à profit par un trio formé par l'abbé Gabriel de Bessonies (1859-1913) et les déjà nommés Guyot de Villeneuve et Syveton, pour faire tomber le cabinet Combes et ébranler les anticléricaux.

Avant de se repentir, Bidegain a travaillé pendant trois ans au fichage des officiers militaires, remettant les enquêtes au ministère où le capitaine Mollin supervise leur saisie dactylographiée par le cabinet du général André. Au niveau départemental, les préfets et les généraux de division ignorent tout des rapports demandés par le général André, qui craint, bien évidemment, à la fois leur opposition et des fuites qui viendraient de cadres peu fiables. De même, au sein des loges, les vénérables ne reçoivent pas de communication du Grand Orient qui les missionnerait officiellement. Des frères, dont l'engagement républicain est attesté, se voient contactés confidentiellement pour enquêter discrètement sur les officiers militaires du lieu.

C'est la révélation de l'existence des fiches et la publication de certaines d'entre elles dans la presse qui ont des effets dévastateurs du sommet de l'État à la base des enquêtes. Certains officiers sont non seulement décrits comme « cléricaux », mais aussi comme « jésuites ». Le vieux conflit entre les jésuites et les francs-maçons a décidément la vie dure. Des noms d'apparence nobiliaire rendent suspects, de même que les manifestations d'une prétendue bigoterie, les déclarations d'hostilité aux francs-maçons ou les écarts supposés de telle épouse cléricale qui « paraît avoir une conduite très légère et couche surtout avec les cléricaux ». Lorsque leurs noms sont connus ou dévoilés, les enquêteurs sont sommés de s'expliquer. Des magistrats ou des maires qui avaient accepté, comme membres du Grand Orient, de rédiger des fiches sont discrédités, voire révoqués. Au scandale national répond toute une série de répliques locales qui ébranlent l'opinion et déchirent le pays.

Finalement, dans une perspective d'apaisement et parce que l'affaire des fiches ne réveille pas seulement les divisions de l'affaire Dreyfus, mais s'inscrit dans une longue liste de scandales politiques et financiers – comme le krach de l'Union générale (1882), les scandales des décorations (1887) et de Panama (1892) – qui peuvent freiner le réarmement militaire et moral de la France, alors que le risque d'un conflit proche avec l'Allemagne se précise pendant la période – la crise de Tanger débute au printemps 1905 –, le pouvoir politique décide de circonscrire l'incendie. Le retrait d'Émile Combes rend l'opération possible, d'autant que la Ligue des patriotes est affaiblie. Paul Déroulède (1846-1914), qui avait été exilé pour tentative de coup d'État, est amnistié et, comme l'écrit Bertrand Joly, « la Ligue des patriotes a fait de l'amnistie sa priorité absolue et accepte d'en payer le prix, puisque Guyot de Villeneuve est prié de rentrer ses fiches maçonniques[1] ».

---

1. Bertrand Joly, « L'évolution de Paul Déroulède et de la Ligue des patriotes (1900-1913) », *Mil neuf cent. Revue d'histoire intellectuelle*, 2001/1(n° 19), p. 109-117.

La disparition brutale de Gabriel Syveton aurait pu être un obstacle à cette normalisation. Mais une fois révélées, ses infidélités et ses turpitudes sexuelles risquent d'éclabousser son propre camp, qui se veut le gardien de l'ordre moral. Il semble aussi avoir confondu la caisse de la Ligue de la patrie française, dont il était officiellement le trésorier, et la sienne... C'est très probablement cet ensemble de révélations qui l'a conduit à se suicider. Dans tous les cas, il n'est plus l'impétueux chevalier blanc décrit au début de l'affaire.

Pour autant, le souvenir du scandale restera dans les mémoires et sera régulièrement ravivé à chaque nouveau scandale politique émaillé de décès suspects, notamment dans l'entre-deux-guerres avec la remontée en force des ligues d'extrême droite. C'est particulièrement le cas lors de l'affaire Stavisky (1934), du nom d'Alexandre Stavisky, escroc notoire adepte de la pyramide de Ponzi, Juif d'origine russe bénéficiant de puissantes protections politiques, et retrouvé agonisant à Chamonix le 7 janvier 1934. La thèse du suicide passe mal, puisque Staviski a deux balles dans la tête... Le *Canard Enchaîné* ironise en évoquant le « suicidé d'un coup de revolver qui lui a été tiré à bout portant » : « Il s'est suicidé d'une balle tirée à trois mètres. Voilà ce que c'est que d'avoir le bras long. » Le gouvernement tombe, les Ligues s'enflamment et préparent l'insurrection du 6 février 1934. Une nouvelle fois, la franc-maçonnerie est directement visée par la droite et l'extrême droite qui l'accusent d'avoir protégé l'escroc et de s'être enrichie grâce à ses malversations. Sur la défensive, elle se sent piégée, et, à son corps défendant, le grand maître Arthur Groussier (1863-1957), emblématique figure du Grand Orient, doit accepter un entretien avec un journaliste de *Vu*. Il hésite : « Nous taire... ? Parler... ? Nous en avons longuement discuté... Les deux méthodes ont leurs inconvénients... Parler, c'est engager la polémique ! » Certes, mais se taire, c'est laisser l'ennemi occuper le terrain.

Imaginaire graphique

Pendant toute cette période, la presse tire profit de l'affaire en feuilletonnant, ce qui permet de fidéliser le lectorat. La production de caricatures est abondante et l'on crée même un jeu de l'oie antimaçonnique, dit « Jeu des casseroles » (1905), illustré de dessins de Bruno. Il reprend les 33 degrés du Rite Écossais Ancien et Accepté avec pour chacun son mot d'identification spécifique et précise que toutes les informations et symboles sont tirés du *Tuileur de Vuillaume* (1820) et sont rigoureusement authentiques. Une araignée frappée des initiales GO tisse sa toile jusqu'à la Légion d'honneur. Les relents antisémites sont très forts. Le 16e degré, « Prince de Jérusalem », est ainsi associé à la figure du Frère Boule de juif, référence détournée à la nouvelle de Guy de Maupassant, *Boule de suif* (1880). La case n° 17, qui le suit immédiatement, présente une casserole intitulée *Schweinerei*, qu'on traduit sans difficulté par « cochonnerie ». Les principaux hommes politiques sont portraiturés. Architecte de la politique étrangère de la France, Théophile Delcassé (1852-1923), ministre des Affaires étrangères dans de nombreux gouvernements dont ceux de Combes et de Rouvier, devient en case 9 (Élu des Neuf), le Vénérable frère Delafricassé. Manipulé tel un pantin par deux marionnettistes, le roi d'Angleterre ceint de son tablier maçonnique – Delcassé est un ardent défenseur de l'Entente cordiale – et le Kaiser Guillaume II, il est juché sur la tête du Maroc – rappelons que la crise marocaine vient de débuter. Ce type de production popularise tout un imaginaire hostile à la franc-maçonnerie et à un régime politique qui lui est identifié.

Au sein de l'Armée, la rupture avec la franc-maçonnerie, qui est déjà consommée lors de l'affaire Dreyfus, quand le Grand Orient comme la Grande Loge ont dénoncé l'antisémitisme et le cléricalisme de la « caste militaire », s'est encore aggravée. Le futur maréchal Philippe Pétain (1856-1951) en est à sa manière le symbole, et son régime l'héritage. Il s'est, en effet, persuadé que son avancement avait été freiné par le fichage du général André et des francs-maçons, ce qui n'avait pas été le cas, parce qu'au contraire, réputé républicain et peu clérical, il a longtemps bénéficié d'un préjugé favorable. Dès 1940, il engage sans délai une guerre ouverte contre la franc-maçonnerie, qui est d'abord une guerre des fiches. Les dossiers des archives saisies du Grand Orient doivent, en effet, alimenter la publication de listes de francs-maçons, livrés en pâture à l'opinion et chassés de la fonction publique – voir chapitre « Vichy a-t-il fait la guerre aux francs-maçons ? ».

20

La Société des Nations est-elle une création maçonnique ?

Les 28 et 29 juin 1917, se réunit à Paris le Congrès des maçonneries des nations alliées et neutres « afin d'étudier l'organisation de la Société des Nations, dirigée par M. Wilson, Président des États-Unis d'Amérique ». Les États-Unis sont entrés en guerre trois mois plus tôt. L'acte final du Congrès témoigne à Woodrow Wilson (1856-1924) « son admiration et le tribut de sa reconnaissance pour l'importance des services rendus à l'humanité. Il affirme que les principes proposés à la franc-maçonnerie sont totalement conformes aux proclamations du président Wilson en faveur de la défense de la civilisation et de la liberté des peuples – retenues par la mémoire collective sous le nom des « quatorze points de Wilson ». Il déclare qu'il est heureux de collaborer avec le président Wilson à la réalisation de cette œuvre de justice internationale et de fraternité démocratique qui représente l'idéal même de la franc-maçonnerie. Le Congrès exprime également sa reconnaissance au frère Léon Bourgeois (1851-1925), ancien président du Conseil, ministre d'un grand nombre de cabinets sous la IIIe République. Très actif sur les colonnes, il a non seulement associé son nom au solidarisme qu'il a théorisé, mais aussi son engagement pacifiste a été moteur dans le projet d'une Société des Nations.

Un conflit mondial plus tard, la conférence de San Francisco, réunie du 25 avril au 26 juin 1945, se sépare en adoptant la Charte des Nations unies. Elle donne naissance, quelques mois plus tard, à l'Organisation des Nations unies. Un autre franc-maçon français, juriste comme Léon Bourgeois, René Cassin (1887-1976), y tient un rôle majeur. Celui-ci prépare, avec le soutien appuyé d'Eleanore Roosevelt (1884-1962), une Déclaration universelle des droits de l'homme, adoptée le 10 décembre 1948 à Paris. Il a notamment milité pour qu'elle ne soit pas internationale mais véritablement à dimension universelle. Pour les contempteurs d'un ordre maçonnique mondial, il ne fait donc aucun doute que la Société des Nations, inaugurée le 10 janvier 1920, est dès l'origine un *Super État maçonnique*, comme l'écrit Léon de Poncins (1897-1975) dans son livre éponyme de 1936, et que les mêmes intérêts, à la fois maçonniques et américains, portés par Wilson, d'une part, et la veuve du président Franklin D. Roosevelt (1882-1945) – ce dernier est mort deux semaines avant l'ouverture de la conférence de San Francisco –, de l'autre, sont à la manœuvre. Comme Léon Bourgeois a été récompensé par le prix Nobel de la Paix dès 1920, René Cassin reçoit la même distinction en 1968, à l'occasion du vingtième anniversaire de la Déclaration universelle.

Mais derrière cette légende flatteuse pour les uns – des loges prennent les noms de Léon Bourgeois et de René Cassin –, noire pour les autres, qu'en est-il véritablement ? Passe-t-on sans transition de l'engagement déterminé mais minoritaire de francs-maçons dans un pacifisme et un universalisme militants à la fin du XIXe siècle au projet d'une Société des Nations trois décennies plus tard ? En 1913, les francs-maçons prussiens, groupés autour du Kaiser Guillaume II, protecteur de leurs grandes loges, n'ont-ils pas élevé, par souscription, un impressionnant monument commémoratif de la bataille de Leipzig, surnommée « la bataille des nations », en Saxe en octobre 1813, considérée comme la renaissance de la nation prussienne ? Écrasée par Napoléon à Iéna en 1806, elle se serait relevée en quelques années, avant de l'emporter contre les Français à Leipzig d'abord, à Waterloo ensuite, et les très nationalistes grandes loges prussiennes, liées à la dynastie des Hohenzollern depuis Frédéric II, auraient pris leur part dans le réarmement moral et militaire qui aurait permis cet improbable retournement. Quant à Woodrow Wilson, il est l'un des rares présidents des États-Unis de l'époque à n'avoir pas été franc-maçon, et son projet de réorganisation du monde et des relations internationales semble mû par une dimension mystique bien éloignée de la philosophie du Grand Orient des années 1890-1920. Pour faire la part des vérités et des légendes, il faut donc revenir au Congrès de 1917, qui n'est pas un Congrès maçonnique universel à dimension pacifiste, mais le Congrès des maçonneries des nations alliées et neutres.

Le Congrès des maçonneries des nations alliées et neutres

Une première Conférence maçonnique interalliée, ou Conférence des maçonneries des nations alliées, s'est réunie à Paris du 14 au 15 janvier 1917, à l'initiative du Grand Orient et de la Grande Loge de France. Les grands maîtres d'Italie – entrée en guerre en 1915 aux côtés de la Triple Entente – et du Portugal – en guerre contre l'Allemagne depuis 1916 – sont présents, de même que des représentants des alliés belges et serbes dans la guerre menée contre les Empires centraux. Le banquet fraternel de clôture de la conférence se tient au Cercle républicain de Paris et se veut à la fois patriotique et tourné vers un objectif de retour à la paix. La confusion a pu être faite avec le Congrès de juin 1917, alors que l'optique est ici tout à fait différente. Il faut poursuivre la guerre pour faire triompher la paix. Les délégués s'adressent certes aux obédiences des pays neutres – qui sont partie prenante de la conférence de juin –, mais pour leur faire comprendre qu'en justifiant la poursuite de la guerre, les maçonneries alliées préparent l'avenir : « Notre mission consiste à libérer les nations et les hommes. »

Le Congrès des 28-30 juin 1917 annoncé dans la sixième résolution de la Conférence de janvier a une autre dimension. D'abord, parce que le contexte stratégique et politique a changé. La première révolution russe de 1917 a éclaté en février, et les États-Unis ont déclaré la guerre aux Empires centraux en avril, après la guerre sous-marine à outrance menée par la Marine impériale allemande. En attendant, sur le front occidental, l'offensive Nivelle, très coûteuse, n'a pas réussi à percer les lignes allemandes, tandis qu'à l'Est, malgré les assurances d'Alexandre Kerenski (1881-1970) et du gouvernement provisoire, l'armée russe a de plus en plus de mal à contenir les armées allemandes.

Aux représentants des « maçonneries alliées » se joignent des délégués des maçonneries neutres. Le Congrès accueille ainsi des délégations des États-Unis, d'Argentine, du Brésil, d'Italie, d'Espagne, de Belgique, de Suisse, de Serbie et du Portugal. Il ne s'agit pas seulement de commémorer le 200e anniversaire de la création de la Grande Loge de Londres en juin 1717, d'autant que son héritière, la Grande

Loge Unie d'Angleterre, ne reconnaît pas le Grand Orient de France comme une puissance maçonnique régulière – voir chapitre « Les francs-maçons du Grand Orient de France ont-ils renoncé au Grand Architecte de l'Univers en 1877 ? » –, mais bien de poser les bases du monde d'après, et de permettre à la franc-maçonnerie d'y contribuer. Le temps de guerre et les fractures ouvertes entre maçonneries européennes par quatre ans de conflit rendent, bien sûr, inimaginable toute invitation de représentants des Empires centraux. Mais leur absence pose, bien évidemment, les limites de l'exercice : comment imaginer un ordre mondial régénéré et durablement fondé sur un principe universaliste de paix sans que l'une des parties soit associée à sa conception ? Ce qui sera un principe du rapprochement franco-allemand au milieu des années 1920 n'est pas encore d'actualité. Il ne pouvait en être autrement, car même si les francs-maçons l'avaient envisagé – ce qui n'était pas le cas –, ils auraient déclenché un tir de barrage de la part de leurs adversaires. L'Allemagne n'est pas la seule visée. Le vice-président du Conseil de l'ordre du Grand Orient de France, André Labey, s'en prend notamment lors du Congrès à la double monarchie austro-hongroise qui a étouffé les nationalités en Europe centrale et dans les Balkans. Il reprend à son compte les thèses de Wilson et le droit des peuples à disposer d'eux-mêmes. La Pologne doit en bénéficier au premier chef. L'Empire ottoman est également visé, en raison des « innombrables tueries et [des] cruautés inouïes dont les armées de la Turquie, avec la complicité des officiers allemands, se rendent coupables à l'égard des malheureuses populations de l'Arménie, de la Syrie et du Liban » (deuxième résolution de la Conférence).

Jusqu'en 1924, les obédiences maçonniques allemandes, à l'exception de *Zur Sonne* (« Au soleil »), obédience libérale mais isolée sur la scène maçonnique allemande, sont tenues à l'écart des rencontres maçonniques internationales qui sont organisées à partir de la sortie de guerre. Le Bureau maçonnique des relations internationales, qui s'est mobilisé pendant le conflit pour porter secours aux victimes et prisonniers de guerre, peut reprendre une activité davantage maçonnique. Les statuts d'une Fédération maçonnique internationale pour la Société des Nations sont ébauchés. Mais l'initiative déborde le champ de la franc-maçonnerie libérale : la Ligue française des droits de l'homme invite ainsi le grand maître du Grand Orient espagnol, Luis Simarro (1851-1921), à siéger dans la commission chargée de préparer la question de la Société des Nations en vue du prochain congrès de la Ligue.

Renouer avec la tradition du pacifisme militant de la fin du XIXe siècle

Au sein des maçonneries libérales, et notamment en Espagne – neutre pendant la Première Guerre mondiale –, on comprend que, pour asseoir durablement la paix, il faut non seulement reprendre contact, mais aussi retrouver l'esprit universaliste autour duquel mouvements espérantistes et francs-maçons avaient travaillé de concert avant guerre. En 1905, dans le contexte de la crise de Tanger au Maroc entre la France et l'Allemagne, le premier Congrès universel espérantiste a été l'occasion de la création de l'Universala Framasona Ligo, la Ligue universelle des francs-maçons, à laquelle, pour dépasser les oppositions entre obédiences régulières et adogmatiques, les adhésions sont possibles pour les francs-maçons de toute obédience, sur une base individuelle. Le nationalisme s'est construit sur les langues nationales comme instrument de domination et de jalousie. Les espérantistes font le pari qu'une langue commune pourra, hors du temple comme dans le temple, « réunir ce qui est épars ». D'où la création de loges espérantistes.

Autre pays neutre, la Suisse est un acteur important de ces initiatives qui tiennent à la fois d'une conception universaliste de la franc-maçonnerie et d'un pacifisme militant. Grand maître de la Grande Loge suisse Alpina, Élie Ducommun (1833-1906) en est le symbole. Au sein de la Ligue internationale pour la paix et la liberté, il assure la rédaction du périodique *Les États-Unis d'Europe*, et dirige le Bureau international de la paix. Avant Bourgeois et Cassin, il est récompensé par le prix Nobel de la Paix en 1902, peu de temps avant la création du Bureau international de relations maçonniques à Neuchâtel, le 1er janvier 1903, sous la houlette de la Grande Loge suisse Alpina et de son grand maître Édouard Quartier-La-Tente (1855-1925), afin de « servir d'intermédiaire entre les puissances maçonniques pour faciliter leurs relations et développer leurs liens fraternels ». Les contemporains sont pourtant nombreux à critiquer l'incapacité des francs-maçons à concrétiser au-delà des vœux pieux leur projet d'une maçonnerie universelle qui œuvrerait à la concorde universelle. Car un obstacle se dresse rapidement qui, jusqu'au XXIe siècle, freinera considérablement toute tentative de coordination maçonnique, à savoir l'hostilité foncière de la gardienne autoproclamée de la régularité maçonnique. La Grande Loge Unie d'Angleterre voit en effet d'un mauvais œil, avant comme après la guerre, les initiatives des maçonneries continentales, au premier chef la française, pour entrer dans le champ du politique, par le biais des questions internationales, et refuse toute forme de création d'une maçonnerie universelle qui pourrait lui échapper.

Pourtant, Quartier-La-Tente s'est employé d'emblée à donner des gages. Le Bureau n'est qu'un bureau de liaison, une mission de bons offices et un canal de dialogue :

> Nous sommes partis du principe que le Bureau international de relations maçonniques était destiné à renseigner la Maçonnerie universelle en dehors de toute obédience et de tous rites. Il ne s'agit pas de fonder une alliance générale, mais de servir d'intermédiaire pour fournir des renseignements, des documents et des travaux à tous ceux qui s'intéressent à notre ordre. Il est évident que notre manière de voir peut être examinée et discutée. [...] Nous sommes d'avis que chaque Maçonnerie est maîtresse absolue chez elle pour l'administration de ses affaires et la pratique de ses usages, mais au-dessus de cela, il y a les idées qui ne sont pas particulières ou nationales, mais universelles, il y a les idées maçonniques qui ont évidemment un caractère d'universalité et que l'on est en droit d'examiner, de comparer et d'étudier en dehors des préoccupations d'un particularisme quelconque.

En 1921, l'Association maçonnique internationale (AMI) reprend le flambeau du Bureau, toujours à l'initiative des Suisses et de Quartier-La-Tente en particulier. Mais la formulation de son projet, nettement moins prudente – la guerre ayant montré la nécessité d'une action plus déterminée – fait bondir Londres et ses sœurs anglo-saxonnes :

« La Franc-maçonnerie [...] travaille à l'amélioration morale ainsi qu'au perfectionnement intellectuel et social de l'humanité. Elle a pour principe la tolérance mutuelle, le respect des autres et de soi-même, la liberté de conscience. Elle a pour devoir d'étendre à tous les membres de l'Humanité les liens fraternels qui unissent les francs-maçons sur toute la surface du globe. » Après avoir tergiversé, la Grande Loge de New York démissionne en 1924, tandis que la Grande Loge des Pays-Bas, qui a mené la lutte de l'intérieur contre une dérive adogmatique de l'AMI, qui serait pilotée depuis Paris, la suit en 1927.

Le changement de paradigme doit donc être tenté à une autre échelle, en mettant à profit l'évolution des relations internationales. En 1924, le Grand Orient de France invite ainsi non seulement les loges de son obédience à réfléchir à la question de la « Société des Nations », mais leur pose la question de l'opportunité de la « reprise des relations franco-allemandes » – soit un an avant les accords de Locarno – et d'un « rapprochement franco-russe », puisqu'il faut bien admettre que les Bolcheviks ont gagné la guerre civile et alors que la IIIe République vient de reconnaître l'Union soviétique. L'année suivante, les accords de Locarno, ratifiés le 1er décembre 1925, marquent un tournant. Non seulement la Ruhr est évacuée par les troupes françaises et belges, mais l'Allemagne doit faire son entrée à la SDN – effective le 10 septembre 1926. Localement, des initiatives sont prises, parfois sans attendre l'aval des obédiences. Ainsi, à Luxembourg, la loge des *Enfants de la concorde fortifiée* profite de la fête solsticiale du 21 décembre 1924 (la Saint-Jean d'hiver) pour annoncer la création du Comité d'organisation des réunions maçonniques internationales dans le but de favoriser la paix mondiale par le rapprochement franco-allemand.

Il faut prendre également en compte le développement d'une obédience atypique, qui rebat les cartes à l'échelle nationale comme sur le plan international. Son organisation rompt, en effet, délibérément tant avec le principe national qu'avec celui de la franc-maçonnerie comme « club d'hommes » : Le Droit Humain (initialement dénommé « Grande Loge symbolique écossaise mixte de France »), né en 1893 de rencontres discrètes organisées à partir de 1891 par la militante féministe Maria Deraismes et Georges Martin. Dès 1895, Le Droit Humain allume ses premiers feux à l'étranger – Zurich porte le numéro un dans le livre d'or – et, en quelques années, acquiert une dimension internationale en devenant l'« Ordre maçonnique mixte international Le Droit Humain » en 1901. En 1914, il compte 500 loges pour 12 000 à 14 000 membres, dont la moitié aux États-Unis, 1 500 au Royaume-Uni et dans l'Empire britannique, pour un millier seulement et une vingtaine de loges en France. Son premier convent international se tient au lendemain de la guerre, le 15 août 1920. Une constitution internationale est adoptée, qui autorise les loges d'un même pays à se réunir en fédération. Nombre de pacifistes, qui sont en même temps des féministes, adhèrent rapidement au Droit Humain. C'est le cas, en Belgique, d'Henri Lafontaine (1854-1943), qui favorise la création d'*Égalité*, première loge mixte du Droit Humain à Bruxelles en 1912. L'année suivante, il reçoit le prix Nobel de la Paix.

Mais en raison de la montée des fascismes, il est sans doute déjà trop tard. En Italie, une circulaire du parti fasciste datée du 14 avril 1925 souligne que « la Maçonnerie, par son programme international, pacifiste, humanitaire, est néfaste à l'idéalisme et au principe d'éducation nationale et d'autant plus dangereuse qu'elle s'entiche de patriotisme » et que « les fédérations [fascistes] tiennent pour acquis que la Maçonnerie constitue en Italie la seule organisation concrète de cet esprit démocratique, ennemi de notre Parti et de notre nation ». En novembre 1925, la franc-maçonnerie est déclarée hors la loi, et ses membres sont persécutés. En Belgique, l'infatigable Henri Lafontaine fonde la loge *La Paix* en 1929. La même année, le convent de la Fédération française du Droit Humain estime que, pour « travailler à travers le monde à l'avènement de la paix, il faut défendre et aider la SDN, rendre obligatoire, dans chaque pays, les décisions du Bureau international du travail, rendre obligatoires également toutes les décisions de la SDN », qu'il faut « se doter de tous les moyens pratiques de faire entendre sa voix », « enfin, et partout, créer un esprit de paix favorable aux États-Unis d'Europe ». De son côté, parmi les francs-maçons espérantistes, la Ligue universelle de francs-maçons n'abdique pas. Son bulletin périodique, *La Heroldo* (« Le Héraut »), sonne l'alarme en 1934 : « L'Humanité est en danger [...] Peuple maçonnique réveille-toi ! », et revient à la charge en juin 1935 : « C'est à peine s'il existe aujourd'hui un pays dans lequel la Maçonnerie ne soit pas en butte aux attaques dénuées de scrupules qui la menacent dans son existence. [...] Aujourd'hui, il faut que les maçons de tous pays resserrent les rangs et se désintéressent de détails qui pourraient les séparer et songent à ce qui les unit ».

Mais dans tous les États où des régimes fascistes prennent le pouvoir au cours de la décennie suivante, la franc-maçonnerie s'enfonce progressivement dans une nuit dont elle ne sortira qu'après la libération de l'Europe occidentale, tandis que, dans l'Europe de l'Est sous la botte soviétique, il lui faudra attendre un demi-siècle supplémentaire, sans jamais réussir à dépasser le clivage entre réguliers et libéraux, pour œuvrer de manière concertée à la paix et à la réconciliation, chaque camp redoutant une instrumentalisation du pacifisme maçonnique par l'autre.

21

Vichy a-t-il fait la guerre aux francs-maçons ?

« Si vous voulez retrouver la force, la grandeur et l'unité morale, si vous voulez échapper à des désastres de plus en plus graves, supprimez de votre nation tout ce qui est l'école de la traîtrise, de la duplicité et de la dissimulation, arrachez la Maçonnerie qui, avec ses loges, ses complots permanents, ses artifices constants, n'a cessé depuis 1730 de maintenir parmi vous cette infection dont 1940 aurait dû vous révéler l'horreur et dont 1942 vous a d'une façon encore plus éclatante fait sentir le péril. »

Ainsi s'adresse en janvier 1943, dans la revue *Dossiers maçonniques* qu'il dirige, Bernard Faÿ (1893-1978), professeur au Collège de France, administrateur de la Bibliothèque nationale depuis le 6 août 1940. Chargé par le maréchal Pétain (1856-1951) de la supervision des organismes chargés d'éliminer l'hydre maçonnique, il s'installe symboliquement dans l'hôtel parisien du Grand Orient de France, rue Cadet, mis à sa disposition par l'occupant, avec lequel il noue d'étroites relations.

Le Service des sociétés secrètes

Dès le 13 août 1940, soit deux mois après la fin dramatique de la campagne de France, le régime de Vichy promulgue une loi portant interdiction des associations secrètes. La franc-maçonnerie n'est pas expressément citée. En revanche, six jours plus tard, le 19 août, un décret dissout les associations « Grande Loge de France » et « Grand Orient de France », en métropole et outre-Mer. Le Service des sociétés secrètes (SSS) est chargé de mettre en œuvre la politique du nouveau régime. Comme le chef du cabinet civil du maréchal Pétain, Henry Du Moulin de Labarthète (1900-1948), le reconnaît sans détour dans ses mémoires : « Parlons franc ; nous n'aimions, ni les uns ni les autres, la franc-maçonnerie. Le Maréchal faisait même profession de la détester : "Un Juif, disait-il, n'est jamais responsable de ses origines, un Franc-maçon l'est toujours de son choix". » Il y a donc bien urgence à déclarer la guerre aux « frères trois points ».

Pourquoi ne pas avoir choisi un haut fonctionnaire familier des dossiers concernant la sûreté de l'État ou un policier chevronné pour le placer à la tête de l'organigramme ? Des policiers sont bien présents, à l'image du commissaire puis contrôleur général Henri Maurice Brois, qui donne longtemps satisfaction à Vichy comme aux Allemands. Mais on se méfie de la police en raison du nombre élevé de francs-maçons qu'elle aurait comptés en son sein. Des responsables venus de l'extérieur leur sont souvent préférés. Le capitaine de frégate Labat, sous-chef d'état-major de la Marine à Alger, devient ainsi chef du SSS. Bernard Faÿ chapeaute l'ensemble du dispositif. Le choix de ce dernier peut surprendre, mais en apparence seulement. En effet, il s'agit fondamentalement d'une guerre idéologique, comme Pétain l'a lui-même souvent rappelé. Le choix de Faÿ et des principaux rouages de l'appareil vichyste est donc idéologique.

La Révolution nationale se veut une anti-Révolution de 1789. Elle veut dénoncer la faillite de la IIIe République et faire le procès de ses élites politiques. Pour cela, il lui faut remonter aux sources du mal qui a rongé la France, les idées du parti philosophique, et déconstruire l'héritage des Lumières et de la Révolution. Dans ces conditions, la nomination de cet intellectuel qui avait annoncé en 1939 entreprendre un vaste projet d'histoire révisionniste – au sens américain de remise en cause radicale du consensus académique – de la Révolution française s'explique beaucoup mieux. Dans la guerre que Vichy déclare à l'anti-France, les archives maçonniques deviennent un enjeu central, car elles doivent apporter les preuves d'un travail de sape au long cours contre les valeurs de la France traditionnelle et de l'existence d'une vaste conspiration. L'hôtel du Grand Orient est transformé en musée des Sociétés secrètes, dont Bernard Faÿ prend également la tête. Il est officiellement chargé de centraliser et d'inventorier les archives maçonniques, que lui adresse depuis la zone libre les agents du Service de police des sociétés dissoutes installé à Vichy au printemps 1941.

Pour Faÿ aussi, l'effondrement de la IIIe République est une « divine surprise », qu'il sait parfaitement exploiter. Ce n'est pas un aigri venu des franges marginales de l'intelligentsia. Sa position est, au contraire, bien établie. Spécialiste de la civilisation américaine, la presse américaine le présentait en 1934 comme un « ambassadeur officieux de la France dans le Nouveau Monde ». Enseignant à Columbia, l'université de l'État de New York, élu au Collège de France avant l'âge de quarante ans, cet esthète mondain est un disciple de Marcel Proust, le traducteur et l'ami de Gertrude Stein. Pourtant, la conversion lente de Bernard Faÿ aux théories du complot est perceptible dans ses enseignements d'avant guerre. Il en pose déjà les jalons dans sa thèse de 1924 sur *L'Esprit révolutionnaire en France et aux États-Unis à la fin du XVIIIe siècle*, mais surtout dans ses cours au Collège de France. Il étudie la « préparation intellectuelle de la Révolution aux États-Unis », et consacre son séminaire aux

« diverses constitutions maçonniques du XVIIIe siècle, françaises, anglaises et américaines », alors qu'il écrit son livre *La Franc-Maçonnerie et la Révolution intellectuelle du XVIIIe siècle* publié simultanément en France et aux États-Unis en 1935. Pour lui, l'origine des idées de 1789 est « anglaise et maçonnique ». Puis, le biographe de Benjamin Franklin se penche sur la longue carrière révolutionnaire et politique de La Fayette, de la révolution américaine à la Restauration, dans des cours qui accordent une place de choix aux « sociétés secrètes ».

Démasquer les responsables du naufrage

Dès sa nomination à la tête de la lutte contre des sociétés secrètes, Bernard Faÿ s'emploie d'abord à réunir la liste des francs-maçons qui, publiée au *Journal officiel*, provoque l'exclusion de la fonction publique et la persécution de milliers d'entre eux, qu'elle soit le fait de la police française ou des services de l'occupant. Mais l'essentiel est, pour lui, ailleurs. Comme John Robison faisant paraître en 1797 ses *Preuves d'une conspiration*, Bernard Faÿ et ses services rendent publiques dès les débuts de la Révolution nationale les premières preuves historiques de l'origine de la conspiration. C'est pour cela que le maréchal Pétain l'a choisi, lui, plutôt qu'un haut fonctionnaire de police. À la différence de la plupart des tenants de la conspiration des

Lumières contre les valeurs traditionnelles d'ordre social, politique et chrétien, Bernard Faÿ a la possibilité unique, grâce aux fonctions qu'il cumule, de révéler le rôle des sociétés secrètes et d'agir contre elles à partir de 1940 en châtiant lui-même ceux qui se réclamaient des premières. Il entreprend alors de mettre au jour et d'éditer la série des *Documents maçonniques,* qui exposent les preuves matérielles de la responsabilité des francs-maçons dans l'effondrement de 1789, prélude à celui de 1940. Cette entreprise a été précédée et préparée par la *Revue internationale des sociétés secrètes,* créée par Ernest Jouin (1844-1932) en 1912, pour qui « ces diverses associations nous apparaissent comme reliées à un centre commun qui est juif depuis Adam Weishaupt – le fondateur des *Illuminaten* – au XVIIIe siècle ».

En ouverture du premier numéro des *Documents maçonniques,* dans un éditorial intitulé « Esprit de la revue », Bernard Faÿ fait remonter les origines du mal qui ronge la France à la mort de Louis XIV et à la régence du duc d'Orléans (1715-1723). En novembre 1941, le deuxième numéro fait clairement le lien entre la lutte du temps présent et la divulgation des listes des futurs conspirateurs jacobins, avant même qu'ils n'exécutent leur danse mortelle à partir de 1792, ou que leurs complices plus ou moins conscients viennent les renforcer : « Ces listes démontrent les ramifications extraordinaires, profondes, souterraines, de ces sectes.

[...] La puissance de la Maçonnerie aujourd'hui est analogue à celle des maçons du XVIIIe siècle, à celle des maçons de l'époque révolutionnaire, à celle des Jacobins. La force des Jacobins, entre 1792 et 1797, ce n'était point leurs chefs, mais le réseau serré, intangible et mystérieux de leurs militants qui étranglaient Paris dans un nœud coulant. [...] Les listes que nous publions en août 1941 sont pour la France d'aujourd'hui ce qu'eût été, en août-septembre 1790, la publication de la liste des comités jacobins, cette publication aurait sans doute sauvé des milliers de vies humaines, le sang le plus pur de la France, et épargné au pays un spasme dont aujourd'hui encore nous sommes les victimes[1]. »

Quelques mois plus tôt, dans une fameuse allocution à la radio dite « du vent mauvais », le 12 août 1941, le maréchal Pétain évoque directement l'action du SSS : « J'ai créé une police spéciale qui a pour mission de briser la résistance que l'abus des prescriptions légales, la bureaucratie ou l'activité des sociétés secrètes peuvent faire naître contre la reconstruction nationale. »

En janvier 1943, le quatrième numéro des *Documents maçonniques* s'ouvre sur une photographie du maréchal Pétain accompagnée d'un encouragement à poursuivre la lutte. Faÿ a rencontré Pétain à Vichy et fait part à ses lecteurs des confi-

1. *Documents maçonniques*, n° 2, novembre 1941, p. 34-35.

dences du chef de l'État français, véritable oracle : « La franc-maçonnerie est la principale responsable de nos malheurs, c'est elle qui a menti aux Français et leur a donné l'habitude du mensonge. Or c'est le mensonge et l'habitude du mensonge qui nous ont amenés où nous sommes. » L'insistance sur la continuité historique et les pernicieuses influences anglaises est manifeste.

Collaboration

Bernard Faÿ est en relation constante avec le SD, le service de renseignement de la SS, qui le considère comme le « chargé d'affaires du gouvernement français pour les questions franc-maçonniques ». Lorsque certains à Vichy, où divers groupes d'influence se déchirent, aimeraient le mettre sur la touche pour reprendre depuis la zone libre le contrôle sur la police antimaçonnique en zone occupée – espérance tout à fait illusoire –, l'un des responsables du SD, le lieutenant Moritz, réagit vivement en estimant « particulièrement dangereuses les tentatives d'éliminer le professeur Faÿ qui travaille en si bonne collaboration avec nous pour la lutte policière contre la franc-maçonnerie ». Il est clair, en effet, qu'étant installé à Paris, donc en zone occupée, le Service des sociétés secrètes est clairement au service des Allemands, même si les autorités d'occupation veillent un temps à ménager les apparences. Car, depuis Berlin, les ordres affluent pour mener, dans toute l'Europe occupée, une active politique antimaçonnique, et ce dès l'été 1940. À Paris comme à Bruxelles ou La Haye, les Allemands cherchent eux aussi à trouver les preuves de la contamination maçonnique. À Berlin, au siège du SD, Reinhard Heydrich (1904-1942), son chef, a d'ailleurs créé un musée maçonnique. Hermann Göring (1893-1946) lui-même pousse tous les services du Reich à apporter leur concours au *Reichsleiter* Alfred Rosenberg (1893-1946), l'idéologue du parti nazi, pour piller les temples, rechercher des trésors maçonniques… et confisquer massivement les archives des loges à travers toute la zone occupée. Les nazis cherchent notamment à montrer la collusion de la franc-maçonnerie française avec les autorités britanniques, dont elles auraient été des relais d'influence. Celles qui ne sont pas transférées à la Bibliothèque nationale sous le contrôle direct de Faÿ partent donc en Allemagne, où elles font l'objet d'une première exploitation. À la fin de la guerre, elles sont cachées en Prusse orientale, où les offensives de l'Armée rouge entraînent leur capture. Transférées en URSS, à Moscou majoritairement mais pas seulement, elles sont ensuite classées, inventoriées, et ne reviennent en Europe occidentale, contre accord financier, que dans le cadre de l'ouverture de la Russie des années Eltsine. À titre personnel, j'ai pu découvrir et travailler en 2015 sur celles qui avaient été transférées après 1945 à Minsk, en Biélorussie, alors république constitutive de l'URSS, comme tribut de guerre. Y figuraient notamment les registres de l'*Anglaise* de Bordeaux, à ce jour la plus ancienne loge de province connue.

Dans la France occupée, les maréchalistes, les collaborationnistes et l'occupant nazi sont donc à la fois partenaires et concurrents dans la répression des francs-maçons comme dans les campagnes d'antimaçonnisme à destination du public. Des expositions organisées à grand renfort de propagande doivent dévoiler au public ces vérités qu'on lui cache depuis si longtemps. Dès le 12 octobre 1940, s'ouvre ainsi au Petit Palais l'exposition « La Franc-maçonnerie dévoilée ». Son responsable, Jacques de Lesdain (1880-1976), a les faveurs de l'ambassadeur du Reich à Paris, Otto Abetz. Il précise qu'il a « voulu apporter certaines preuves à mes compatriotes et dissiper un cauchemar ». Et de rappeler que « la maçonnerie était à Israël ce qu'une monture est à son cavalier ». Des documentaires sont également tournés dans les temples, mais un film de fiction mérite une attention toute particulière, *Forces occultes*. Alors que les autorités d'occupation diffusent le film de Veit Harlan *Le Juif Süss*, tourné en 1940 à Babelsberg, les studios emblématiques de Berlin, sous l'autorité du ministre de la Propagande du Reich, Joseph Goebbels (1897-1945), il faut que le cinéma français puisse présenter sa propre création. Alors qu'avec *Le Juif Süss*, la propagande nazie fait le choix de remonter au XVIIIe siècle, *Forces occultes* se concentre cette fois sur l'histoire immédiate, la mainmise des francs-maçons sur le régime parlementaire de la IIIe République.

Forces occultes

En 1941, Bernard Faÿ demande à un ancien franc-maçon, Jean Marquès-Rivière (1903-2000), de travailler au scénario d'un film antimaçonnique. Passé au Parti populaire français de Jacques Doriot (1898-1945), Marquès-Rivière est un ultra-collaborationniste, et les Allemands se félicitent de son zèle comme responsable du service de renseignement du SSS. Dès l'automne 1940, il n'hésite pas à déclarer que « la Maçonnerie doit disparaître, elle n'a plus place dans le pays qu'elle a ensanglanté ». Ce film coup de poing, ce sera *Forces occultes*, qui pour « faire vrai » est tourné à la fois au Palais-Bourbon, puisque l'Assemblée nationale a été mise en congé par l'État français, ainsi qu'au siège du Grand Orient. La mise en scène en revient à Paul Riche (1902-1949), également ancien maçon et membre du PPF. Avec la bénédiction des autorités d'occupation, le tournage débute le 4 septembre 1942.

Le héros du film est le député Avenel, qui, naïf et sincère, a commis l'erreur d'accepter l'invitation des francs-maçons à les rejoindre. Deux francs-maçons revêtus de leur tablier de maître le maintiennent masqué, entravé et chemise ouverte, tandis que le troisième pointe sur lui une épée. À l'issue de sa prestation de serment, il sera lié pour la vie à l'ordre maçonnique, auquel il doit s'abandonner tout entier. S'il tente de reprendre sa liberté, leur épée le transpercera.

Quand il découvre que les francs-maçons ont trempé dans tous les malheurs que la France a traversés dans l'avant-guerre – Front populaire, scandale de l'affaire Stavisky, en association avec les juifs (notamment à travers un ingénieur aéronautique va-t-en-guerre dans le film) ou avec la finance anglo-saxonne –, il décide de rompre le serment qui lui impose de taire le secret de l'ordre sous peine d'une mort atroce, et de dénoncer les agissements criminels. Ses « frères » décident alors de l'éliminer. Deux d'entre eux le poursuivent dans la rue et le poignardent. Il survit miraculeusement à cette tentative d'assassinat, mais quand il se réveille sur son lit d'hôpital, il est trop tard, les conspirateurs de l'anti-France ont fait basculer le pays dans la tragédie de la guerre contre l'Allemagne, malgré l'impréparation des armées françaises.

Le film est présenté au Tout-Paris de la collaboration et aux journalistes le 9 mars 1943 en séance privée sur les Champs-Élysées, avant d'être diffusé dans les salles parisiennes et en province. Son affiche met l'accent sur la nouveauté du support cinématographique : « Les mystères de la Franc-maçonnerie dévoilés pour la première fois à l'écran ». Le titre renvoie à la dénonciation des forces de l'anti-France contre lesquelles combattent la Révolution nationale et le maréchal Pétain. Ce sont ces forces : parlementaires corrompus, « péril juif », francs-maçons vendus aux intérêts de la ploutocratie internationale qui ont précipité la France dans la guerre en 1939 et dans la défaite de 1940 en poussant à la guerre contre l'Allemagne. L'image reproduite donne un avant-goût de la tension dramatique. Le héros est sous la menace d'une épée. Ses yeux masqués ne peuvent évaluer la menace qui pèse sur lui, à l'image de la France de la IIIe République qui s'est précipitée dans une guerre qui n'était pas la sienne. Présents sur l'affiche, le compas et l'équerre entrecroisés, symboles classiques de la franc-maçonnerie, donnent également le ton du film : il s'agit de démasquer les forces occultes qui sont à l'œuvre. Au cas où le public n'identifierait pas immédiatement les symboles, les trois points viennent rappeler que les « frères trois points », ces éternels comploteurs, sont à la manœuvre. La première image du film fait, elle, directement la liaison entre complots maçonnique et juif, puisqu'une grosse araignée tout droit sortie du *Péril juif* s'abat sur la France qu'elle enserre dans sa toile malfaisante. Or, comme l'affiche, le monstre arachnéen est frappé de l'équerre et du compas.

Condamné à l'indignité nationale et aux travaux forcés à perpétuité à la Libération, Bernard Faÿ est gracié en 1959. Jusqu'à sa mort en 1978, il ne cesse de dénoncer les Lumières et leur nature subversive dans une série de livres et dans les conférences qu'il donne auprès d'un public choisi et conquis, notamment auprès des séminaristes d'Écône de la Fraternité Saint-Pie X de Mgr Lefebvre. À ce titre, il témoigne de l'existence d'un antimaçonnisme contemporain qui plonge ses racines au XVIIIe siècle. On le rapprochera de la deuxième vie que connaît, depuis la fin du XXe siècle, *Forces occultes* dans les milieux conspirationnistes où, puisqu'il a été tourné en noir et blanc, il est présenté comme un « documentaire » et non plus comme une fiction. Significativement, les théories de l'abbé Barruel connaissent le même regain d'intérêt.

22

Les francs-maçons sont-ils excommuniés par l'Église catholique ?

En novembre 2023, le préfet du Dicastère pour la Doctrine de la foi déclare, avec l'accord du pape François, que la position de l'Église par rapport aux fidèles catholiques qui appartiennent à la franc-maçonnerie n'a pas changé depuis la déclaration de la Congrégation pour la Doctrine de la foi – son intitulé d'alors – faite en 1983 et signée par son préfet, le cardinal Joseph Ratzinger (1927-2022) – futur pape Benoît XVI –, puis approuvée par Jean-Paul II (1920-2005). L'appartenance à l'Église catholique demeure « inconciliable » avec l'affiliation à la franc-maçonnerie. Ceux qui, laïcs ou clercs, ne respecteraient cette interdiction seraient en état de péché grave et dans l'impossibilité de recevoir la communion.

Par cette déclaration, le Dicastère répond à un évêque philippin, Mgr Julito Cortes, qui s'inquiète de l'augmentation du nombre de francs-maçons actifs parmi les fidèles de son diocèse de Dumaguete, ainsi que de la présence de nombreux « sympathisants » de la franc-maçonnerie qui, d'après lui, se sont persuadés que les vieilles condamnations ont été révoquées ou oubliées. Outre le rappel doctrinal, le préfet, le cardinal Victor Fernandez, indique que, sur le plan pastoral, le Dicastère « propose que les évêques philippins mènent une catéchèse accessible au peuple et dans toutes les paroisses sur les raisons de l'inconciliabilité entre la foi catholique et la franc-maçonnerie. Enfin, les évêques philippins sont invités à réfléchir à l'opportunité de se prononcer publiquement sur la question ».

Dix ans plus tôt, en France, le curé de Megève, dans le diocèse d'Annecy, est suspendu de son ministère *sine die* par son évêque, parce qu'il appartient au Grand Orient de France. Une première lettre anonyme adressée à l'évêché l'a dénoncé. L'évêque le presse alors de démissionner de sa loge et de se consacrer entièrement à ses paroissiens. Le curé refusant, l'évêque motive la suspension en rappelant que « la franc-maçonnerie revendiquant pour ses membres une adhésion totale, il est évident que la "double appartenance" est impossible pour un chrétien qui "appartient au Christ" ». Commentant l'affaire, le journaliste et chrétien engagé Henri Tincq (1945-2020) écrit : « L'Église et la franc-maçonnerie sont passées de la guerre ouverte à la paix muette. Mais cette affaire montre que l'intolérance, vieille de trois siècles, n'a pas tout à fait disparu. »

Les déclarations de 2013 et de 2023 sont intéressantes, parce qu'elles montrent que parmi les fidèles la question de la compatibilité entre les deux appartenances se pose régulièrement, notamment parce que dans le Code de droit canon adopté en 1983, la franc-maçonnerie n'apparaît plus expressément. Le canon 1374 précise seulement que « celui qui donne son adhésion à une association qui agit contre l'Église est puni d'une juste peine ». Nombre de fidèles ont donc vu dans ce silence apparent une possible ouverture. Ils auraient la possibilité de convaincre Rome de l'existence d'un malentendu qui remonterait aux origines de l'ordre. Comme la Congrégation puis le Dicastère pour la Doctrine de la Foi ont remplacé le Saint-Office, autrement dit l'Inquisition, l'enjeu symbolique est également très fort. C'est pour cette raison que le cardinal Ratzinger a, la même année, publié la déclaration rappelant le caractère inconciliable de la double appartenance.

La papauté fulmine

Il faut donc remonter aux premières condamnations pontificales de la franc-maçonnerie en 1738, puis en 1751, à leurs motivations, pour comprendre pourquoi elles ont pu faire et font toujours débat parmi les catholiques, voire ne pas être appliquées.

Lorsque le pape Clément XII (1652-1740) fulmine, c'est-à-dire publie, la bulle *In eminenti* en 1738, il met en avant à la fois le contexte – la création et le développement d'une nouvelle association –, la manière dont il en a pris connaissance – la rumeur –, l'existence d'une première série d'interdictions, y compris en pays protestants, et l'inquiétude soulevée par la pratique d'un serment prêté sur la Bible sous le sceau du secret.

Clément XII interdit donc aux fidèles non seulement de devenir francs-maçons ou de le rester (« interdire ces dites sociétés, assemblées, réunions, agrégations ou conventicules appelés du nom de Francs-Maçons, ou connus sous toute autre dénomination »), mais aussi d'apporter toute forme de concours aux loges et à leurs membres, notamment en les hébergeant ou en en faisant la promotion autour d'eux, sous peine d'excommunication, sans absolution possible, sauf à l'article de la mort et réservée au seul souverain pontife. Le pape compare les francs-maçons à des renards qui s'insinuent dans la maison chrétienne pour en ruiner la vigne.

On touche ici aux origines de la condamnation de la franc-maçonnerie par l'Église catholique depuis plus de deux cent cinquante ans. L'ordre travaille sous les auspices du Grand Architecte de l'Univers, dans le cadre de temples où les membres des loges mobilisent des symboles chrétiens, adoptent des noms de saints pour leurs ateliers, et célèbrent saint Jean l'Évangéliste, lors du solstice d'hiver, ainsi que saint Jean-Baptiste, lors du solstice d'été, sous le sceau du secret. L'Église romaine accuse les francs-maçons de singer l'Église, mais surtout voit dans le recours au secret la preuve que les conventicules maçonniques ont de noirs desseins à cacher, puisque symboliquement l'initié accepte de se soumettre aux pires tourments s'il viole son serment de respecter le secret.

Significativement, le pape n'est pas seul à s'inquiéter de cette « dangereuse nouveauté ». Des condamnations existent aussi en pays protestants, où le serment secret nourrit peurs et suspicions. Aux Provinces-Unies, les États de Hollande et de Frise occidentale la condamnent et, dans des circonstances encore mal élucidées, le 16 octobre 1735, la foule saccage le temple de la loge *La Paix* d'Amsterdam. D'autres interdictions sont prononcées à Genève en 1737 et 1744, ou à Berne en 1745. Dans la France catholique mais gallicane, les bulles pontificales ne s'appliquent pas si elles ne deviennent pas des lois du royaume, enregistrées par les parlements – cours souveraines de justice – dans leurs ressorts respectifs. On constate donc qu'en Lorraine comme en Normandie, des loges naissent dans des abbayes bénédictines et qu'elles sont même parfois présidées par le père abbé. Les ateliers entretiennent des relations très suivies avec des confréries de pénitents dans toute la France méridionale et n'hésitent pas à solliciter des représentants du clergé régulier pour être leurs chapelains. Les réticences sont d'autant moins grandes que les loges sont friandes de hauts grades d'essence chevaleresque et au caractère chrétien très marqué.

Mais certains évêques et curés ne sont pas aussi ouverts et relaient auprès de leurs paroissiens les interdictions pontificales. C'est le cas d'une figure de l'épiscopat français, Mgr de Belsunce (1670-1755), évêque de Marseille où il s'est illustré pendant la peste de 1720-1721. En janvier 1742, il dénonce dans un mandement aux fidèles de son diocèse ces « assemblées où sont indifféremment reçus gens de toute nation, de toute religion et de tout État. Et parmi lesquels ensuite une union intime qui se démontre en faveur de tout inconnu et de tout étranger dès lors que, par quelque signe concerté, il a fait connaître qu'il est membre de cette mystérieuse société ». C'est ici la menace du relativisme confessionnel qui pointe. Le latitudinarisme newtonien est alors très présent au sein de la maçonnerie britannique. Lors d'un sermon à *Lincoln's Inn*, le Dr Downs, franc-maçon et doyen de Saint-Paul, soutient même que « l'Église du Christ est une communauté de maçons spirituels[1] ». Le latitudinarisme vise, au sein du large spectre des protestantismes – les catholiques sont acceptés en loge, mais sujets à de nombreuses discriminations juridiques dans la société britannique

1. *Sermons Preached at Lincolns Inn*, Londres, 1737.

tout au long du XVIIIe siècle et même au-delà – à privilégier ce qui rapproche plus que ce qui divise et à rejeter seulement les plus radicaux : antitrinitaires, matérialistes et athées. Downs affirme que « le franc-maçon doit être fidèle aux obligations chrétiennes, il doit célébrer la sainte communion dans un amour fraternel ». Les *Constitutions* de 1723 énoncent que seuls les « athées stupides et les libertins irréligieux » sont de droit exclus de la franc-maçonnerie, où seuls des hommes « libres et de bonnes mœurs » doivent être acceptés.

Si elle s'exporte sur le continent, notamment dans les grands ports comme Marseille, où d'importantes maisons de commerce étrangères protestantes sont implantées, la franc-maçonnerie menace donc les barrières confessionnelles aux yeux de Mgr de Belsunce. Cette crainte de l'indifférenciation est toujours très présente à la fin du XXe siècle, notamment dans l'argumentation du cardinal Ratzinger. Il ne faut pas non plus négliger l'effet des rumeurs qui dénoncent les prétendus travers sexuels et moraux des francs-maçons dissimulés derrière la clôture de leur temple – la sodomie ferait partie des épreuves initiatiques. Le ton n'est pas encore à la dénonciation de « la synagogue de Satan » comme à la fin du XIXe siècle, mais à la réprobation morale qui fait une large place aux fantasmes de ceux qui la formulent.

Dans les griffes de l'Inquisition

Comme la franc-maçonnerie prend son essor partout en Europe et dans les colonies, il est temps pour l'Église romaine de sévir et de faire des exemples. John Coustos (1703-1746) en fait notamment les frais, et ses « souffrances » dans les geôles de l'Inquisition, racontées dans un livre, en font le symbole des persécutions dont les francs-maçons ont été victimes de la part des autorités ecclésiastiques, alors qu'elles sont, somme toute, assez limitées. Fondateur de loges à Paris – la fameuse loge *Coustos-Villeroy* en porte témoignage –, à Londres, John Coustos, tailleur en diamants dont la famille d'origine huguenote s'était établie en Suisse, s'installe au Portugal en 1741. Mais la condamnation pontificale l'a précédée. La bulle *In eminenti* est, en effet, connue à Lisbonne avant la Saint-Jean d'été 1738, et placardée le 28 septembre de la même année. L'inquisiteur général, le cardinal Da Cunha, exige alors des catholiques qu'ils dénoncent au Saint-Office, sous peine d'excommunication, toutes les assemblées maçonniques dont ils auraient connaissance. Une première loge à majorité irlandaise et catholique a pris les devants en interrompant ses travaux. L'Inquisition enregistre d'ailleurs un nombre significatif de dépositions spontanées de frères, et force lui est de conclure et d'écrire au secrétariat d'État à Rome que « rien ne se pratiquait contre la foi et que toutes les réunions avaient cessé ». Seule la loge anglaise, protestante, reste théoriquement en activité, mais dans les faits à un rythme probablement très ralenti afin de ne pas donner à l'Inquisition de prétextes pour intervenir. La véritable reprise des travaux a lieu sous l'impulsion du frère John Coustos. En contact avec les communautés britannique et française, il ouvre une loge dès la fin de l'année 1741, qui rassemble bientôt une trentaine de membres, pour l'essentiel français – les travaux s'effectuent en français. Les rejoignent des Anglais, un Italien, un Hollandais et les deux premiers francs-maçons portugais connus. La loge recrute dans le milieu professionnel de son fondateur et vénérable, celui des lapidaires en diamants et du commerce. Majoritairement catholique, elle est à son tour victime de l'Inquisition en mars 1743. Le livre paru en 1746 relate *Les Souffrances de John Coustos, en raison de son appartenance à la Franc-maçonnerie, de son refus de se convertir au catholicisme, dans les prisons de l'Inquisition, où il fut condamné aux galères pendant quatre années, avant d'être libéré*. Une traduction française suit en 1747.

Peur récurrente du secret

En 1751, le pape Benoît XIV (1675-1758) confirme l'interdiction faite aux catholiques d'appartenir à la franc-maçonnerie par une nouvelle bulle, *Providas Romanorum*. Il est vrai qu'entre-temps, l'ordre a poursuivi son expansion en Europe et outre-mer. La réaction des francs-maçons à cette nouvelle condamnation témoigne déjà de l'existence d'un malentendu, que depuis lors chaque nouvelle période de tension manifeste au grand jour. Pour eux, ce pape, qu'ils croyaient ouvert aux Lumières, voire soupçonnaient d'avoir été initié aux mystères de leur ordre, a soit été mal conseillé, soit pressé par son entourage de fulminer la bulle *Providas Romanorum*. Dans deux textes – *Étrenne au Pape, ou les Francs-maçons vengés, réponse à la bulle du Pape Benoît XIV lancée en 1751, par le chevalier de Lussy*, publié à La Haye en 1752, et *Le Vatican vengé, apologie ironique pour servir de pendant à l'Etrenne au pape, ou lettre d'un père à son fils, à l'occasion de la bulle de Benoît XIV, avec des notes et des commentaires par le Chev. D. L.*, paru la même année –, le baron Tschoudy (1727-1769), ancien conseiller au parlement de Metz, fondateur de nombreuses loges, polygraphe et aventurier en Russie, où il publie le périodique *Le Caméléon littéraire*, hésite entre humour et frustration de voir le pape céder à la rumeur. Mais le nœud du problème est bien la question du secret, et du serment qui le protège. Il est en effet consubstantiel à l'Art Royal, mais embarrassant pour les frères, car il véhicule toutes les rumeurs et entretient tous les fantasmes et suspicions. S'il est dévoilé, le temple est littéralement profané. S'il est préservé, les francs-maçons pourront bien multiplier les écrits apologétiques et protester de leur innocence, ils n'empêcheront pas leurs détracteurs d'exploiter leur silence et de les accuser de tous les maux, cachés derrière les portes de leurs temples d'infamie.

Les condamnations romaines ne sont pas seulement doctrinales et religieuses, elles sont aussi politiques. Souverains des États pontificaux, les papes craignent que des voyageurs venus des îles Britanniques ou de Scandinavie et des résidents étrangers n'implantent durablement la franc-maçonnerie dans leurs États et, plus largement, dans la péninsule italienne. Dès le début des années 1730, donc bien avant la bulle de 1738 et les malheurs de John Coustos, ils sont donc particulièrement sensibles aux découvertes de loges faites par les différentes autorités, et tout particulièrement en Toscane. Le grand-duché est alors gouverné par le dernier des Médicis, Jean-Gaston (1671-1737), avant de passer par un jeu de chaises musicales dynastique aux Habsbourg-Lorraine en 1737, en la personne du duc François de Lorraine (1708-1765), époux de Marie-Thérèse d'Autriche (1736) et futur empereur (1745). Or Florence accueille une importante colonie britannique, des voyageurs effectuant leur Grand Tour, mais aussi des exilés jacobites et les agents dépêchés par Londres pour les surveiller. En date du 4 août 1732, un célèbre médecin, naturaliste et écrivain toscan, Antonio Cocchi (1695-1758), confie à son *Journal* qu'il a été initié le même jour à Florence au sein d'une loge anglaise[2].

Le Dr Cocchi est aujourd'hui considéré comme le premier franc-maçon italien, même s'il s'agit d'un titre symbolique, car il est probable que d'autres ont été initiés dans les années précédentes, en Italie ou, plus probablement, hors d'Italie, lorsque venu des îles Britanniques, l'ordre a gagné le continent dans les années 1720. En tout cas, le ton est donné d'emblée. La diffusion de la maçonnerie dans la péninsule au XVIIIe siècle est intimement liée à la présence de communautés étrangères dans les principales cités italiennes. Les autorités politiques et religieuses sont donc sur leurs gardes, d'autant que François de Lorraine a lui-même été reçu franc-maçon à La Haye par une délégation de la Grande Loge de Londres emmenée par Jean Théophile Désaguliers, pasteur de l'Église d'Angleterre, disciple et héritier de Newton, et accueillie par l'ambassadeur de Londres à La Haye, le comte de Chesterfield, l'année précédente, en 1731.

Dans son *Journal*, Antonio Cocchi mentionne le baron Philipp von Stosch (1691-1757), qui incarne bien ces enjeux multiples. Ce dernier est célèbre comme *antiquary*, c'est-à-dire expert en antiquités

2. Università degli Studi di Firenze-Biblioteca Biomedica, ME361.18, *Effemeridi di Antonio Cocchi*, 4 août 1732, folio 95 verso.

et en pierres gravées anciennes, qu'il collectionne, dessine et grave, mais il s'est aussi imposé comme agent d'influence pour la couronne britannique, autrement dit... comme espion. L'affaire est bien documentée, car un procès a été instruit et fait en 1741 à un membre de la loge florentine, le poète Tommaso Crudeli (1702-1745), qui n'a pas échappé à la question, donc à la torture. Elle est donc tout à fait contemporaine du procès fait à John Coustos à Lisbonne. Une lettre du cardinal Corsini à François de Lorraine reprend alors tous les arguments développés par l'Église catholique contre la diffusion de la franc-maçonnerie dans la péninsule.

> La religion est en péril dans sa patrie – la Toscane – où le mal va s'étendant à grands pas. [...] Le B. Stock [*sic*] qu'il – le cardinal Corsini – connaît de longue main et en Hollande et à Rome, pour un homme sans mœurs et sans religion, tient dans la maison une École de pur déisme, avec quelques professeurs des plus corrompus de l'université de Pise, et les écoliers les plus pervers qui sortent de cette université joignant à ces principes la débauche la plus dissolue. Stosch se croira à couvert de tout sous la protection de la cour qui règne en Angleterre (quoiqu'il soit très odieux à tous les honnêtes gens de cette nation) et, pour empêcher que l'on ne puisse rechercher ce qui se passe dans cette société qu'il a introduite chez lui, il lui donne le nom de frammasons [*sic*] et

> par là se met à couvert près de ceux qui savent que cette société a été formée en Angleterre par forme de jeu ou de divertissement honnête, mais qui ignorent combien elle est dégénérée en Italie et y est devenue une école d'impiété. En effet, en Angleterre où est née la société, toutes sectes y étant tolérées, il n'est pas nécessaire de prétexte ou couverture, ce qui est différent en Italie.
>
> Le fait sera certifié à Son Altesse Royale s'il veut bien écouter les démonstrations faites à l'Inquisition, par gens émus de remords de leurs consciences, qui sont venus s'accuser et leurs complices[3].

Autrement dit, le secret de l'initiation maçonnique et des travaux qui sont menés à l'abri du temple de la Fraternité, masque selon le prélat une impiété foncière. Si Stosch est protégé parce qu'il travaille pour la couronne anglaise, en revanche, Crudeli, par son envergure intellectuelle, peut servir d'exemple pour prévenir d'autres adhésions. Significativement, François de Lorraine préférerait, lui, qu'on le laisse s'échapper de sa prison à condition qu'il quitte ses États. L'absence de scandale serait donc préférable à des condamnations retentissantes.

3. Lettre en français transcrite avec d'autres documents dans Ferdinando Sbigoli, *Tommaso Crudeli e i primi framassoni in Firenze, Narrazione storica corredata di documenti inediti*, Milan, Natale Battezzati, 1884, *Documenti*, p. XIX.

Les mêmes craintes et la pression des autorités napolitaines cette fois motivent la bulle de 1751. Mais au-delà, c'est tout au long du XVIIIe siècle que les autorités pontificales veillent à contrarier le développement de la franc-maçonnerie en Italie, persuadées qu'elles sont que les francs-maçons sont des relais d'influence pour Londres et le protestantisme et, de plus en plus, pour les idées radicales des Lumières. À la toute fin du siècle, la papauté fait ainsi à Rome le procès de Cagliostro et de sa maçonnerie égyptienne, soupçonnés d'avoir voulu implanter une cellule des *Illuminati* à l'ombre de Saint-Pierre.

Une « association criminelle »

Avec l'âge des révolutions, le pape et les souverains catholiques avec lui se montrent, en effet, particulièrement sensibles aux théories de la conspiration qui dénoncent la collusion des loges maçonniques avec les *Illuminaten* de Bavière – État catholique – nés en 1776 et, deux décennies plus tard, transfigurés en *Illuminati* tramant leurs entreprises criminelles pour propager le jacobinisme et l'athéisme. Elles sont notamment développées par l'abbé Lefranc (1739-1792) dans *Le Voile levé pour les curieux, ou le Secret de la Révolution de France révélé à l'aide de la franc-maçonnerie* paru en 1791 et, après sa mort brutale lors des massacres de septembre 1792, par l'abbé Barruel (1741-1820), un ancien jésuite réfugié à Londres dans *Mémoires pour servir à l'histoire du jacobinisme* – Londres, 1797-1798 pour la première édition. Dans l'aire anglophone, les *Preuves d'une conspiration* dénoncées par un naturaliste écossais, John Robison (1739-1805), dans *Proofs of a Conspiracy against all the religions and governments of Europe, Carried on in the secret meetings of Freemasons, Illuminati and Reading societies, collected from good authorities*[4], paru quelques semaines après le livre de Barruel, marque aussi les esprits de part et d'autre de l'Atlantique et servent à justifier tout un arsenal juridique répressif, incluant la suspension de l'*Habeas corpus*. Considérée comme la masse de manœuvre ou comme l'instrument du complot des Illuminés de Bavière ou, dans le monde anglophone – et aujourd'hui à l'échelle de la planète – des *Illuminati*, la franc-maçonnerie devient l'ennemie et ne cessera plus de l'être.

Significativement, lorsqu'en 1884, le pape Léon XIII (1810-1903) publie l'*Encyclique* Humanum Genus *condamnant le relativisme philosophique et moral de la franc-maçonnerie*, il oppose d'entrée au « royaume de Dieu sur la terre, à savoir

4. *Preuves d'une conspiration contre toutes les religions et les gouvernements d'Europe fomentée dans les assemblées secrètes des francs-maçons, illuminés et les sociétés de lecture, obtenues de bonnes sources.*

la véritable Église de Jésus Christ », « le royaume de Satan » auquel appartient la franc-maçonnerie. Le pape rappelle que ses prédécesseurs ont très tôt alerté sur le danger fondamental que représente la franc-maçonnerie pour l'Église et la religion parce qu'elle rejette le dogme et la foi au profit du libre examen. Leurs condamnations ne laissent donc aucune place au doute et à la négociation.

C'est l'époque où s'affrontent les deux France – la situation est identique en Belgique ou en Italie – : les cléricaux, appuyés notamment sur un puissant enseignement confessionnel, combattent les laïcards, au premier rang desquels des francs-maçons qui revendiquent leur liberté absolue de conscience au nom de l'héritage de la Révolution (voir chapitre « La franc-maçonnerie a-t-elle fomenté la Révolution française ? »). Le Code de droit canon de 1917 – à la différence de celui de 1983, mentionné en début de chapitre – excommunie donc expressément les francs-maçons et interdit toute forme d'appartenance à la franc-maçonnerie assimilée à une secte. En 1926, le pape béatifie les victimes ecclésiastiques des massacres de septembre 1792, parmi elles l'abbé Lefranc. C'est de cette guerre idéologique que profite le mystificateur Léo Taxil (1854-1907), de son vrai nom Gabriel Jogand-Pagès, en publiant à partir de 1885 une série de révélations antimaçonniques délirantes puis en inventant de toutes pièces une maçonnerie satanique. Taxil réussit non seulement à gagner beaucoup d'argent auprès de très nombreux lecteurs, mais aussi à mystifier le Vatican, puisque le pape Léon XIII le reçoit à Rome et accorde à ce libre-penseur, prétendument repenti, son absolution avant que Taxil ne révèle la supercherie.

La question de la condamnation reste cependant ouverte, car nombre de francs-maçons catholiques des obédiences dites régulières, qui n'ont pas abandonné la référence expresse au Grand Architecte de l'Univers, continuent d'espérer que le Vatican finira par lever l'interdiction et adoptera les positions conciliantes de la plupart des Églises protestantes. Ils sont régulièrement aidés par des clercs et des penseurs catholiques qui ont accepté de jouer les intermédiaires, pour l'heure en vain. On notera enfin qu'au sein même des rangs conservateurs et traditionalistes de l'Église de Rome, « franc-maçon » demeure bien plus qu'une insulte. En janvier 2024, un curé d'une paroisse de Livourne, en Toscane, a été ainsi excommunié pour avoir tenu des propos considérés comme « schismatiques[5] », à savoir que le pape François était un « usurpateur et un « franc-maçon » : « Cela fait dix ans qu'il y a un schisme, il y a une maçonnerie qui gouverne. Les évêques et les cardinaux savent qu'il n'est pas le pape, ils le savent mais ils se taisent »...

5. Dans ces circonstances, l'excommunication s'applique *latae sententiae*, c'est-à-dire automatiquement du point de vue du droit canon.

Table

Déjà parus dans la collection
« VÉRITÉS ET LÉGENDES »

Aubin Nicolas, *Le Débarquement*
Ayache Georges, *Kennedy*
Barraco Florent, *Michel Sardou*
Berdah Arthur, *Macron*
Bordenave Vincent, *Covid-19*
Boulant Antoine, *La Révolution française*
Brigouleix Bernard et Gayral Michèle, *L'Élysée*
Brunaux Jean-Louis, *Les Gaulois*
Dickès Christophe, *Le Vatican*
Fourgeaud-Laville Caroline, *La Grèce antique*
Martin Jean-Clément, *La Terreur*
Pagès Alain, *L'Affaire Dreyfus*
Pincas Éric, *La Préhistoire*
Piouffre Gérard, *Le* Titanic
Porte Rémy, *1940*
Quentin Florence, *L'Égypte ancienne*
Quétel Claude, *Hitler*
—, *Vichy*
Renaud Jean, *Les Vikings*
Sartre Annie et Maurice, *Palmyre*
Solnon Jean-François, *Versailles*
—, *Louis XIV*
Tilloi-d'Ambrosi Dimitri, *La Rome antique*
Tulard, Jean, de l'Institut, *Napoléon*
Vey François, *La Tour Eiffel*

DU MÊME AUTEUR (Suite)

L'Europe des francs-maçons XVIIIe-XXIe *siècle*, Paris, Belin, 2018.

Atlas de l'Europe moderne. De la Renaissance aux Lumières, Paris, Autrement, 2019.

Les Lumières et le Monde. Voyager, explorer, collectionner, Paris, Belin, 2019.

Les Illuminati. *De la société secrète aux théories du complot*, Paris, Tallandier, coll. « Texto », 2023, Prix du Sénat du livre d'histoire.

L'Europe des Lumières, Paris, Presses universitaires de France, coll. « Que sais-je ? », 2025, 4e éd.

Les Sociétés secrètes. Des Rose-Croix aux Anonymous, Paris, Tallandier, 2025.

Pour en savoir plus
sur les Éditions Perrin
vous pouvez consulter notre site Internet

www.editions-perrin.fr

lisez!

et nous suivre sur les réseaux sociaux

Editions Perrin

@EditionsPerrin

@editionsperrin

#lisez! engagé
www.lisez.com

Pour plus d'information :

Imprimé sur du papier issu de forêts gérées durablement.

Achevé d'imprimer par
par Normandie Roto Impression s.a.s.
61250 Lonrai
N° d'impression : 2502947
K10427/01

Imprimé en France